历史名将风云录

王渝生　主编

中国大百科全书出版社

图书在版编目（CIP）数据

历史名将风云录 / 王渝生主编 . -- 北京 : 中国大
百科全书出版社，2025. 1. -- ISBN 978-7-5202-1729-3

Ⅰ . K825.2-49

中国国家版本馆 CIP 数据核字第 2024K1J140 号

出　版　人：刘祚臣
责任编辑：杜晓冉
责任校对：刘敬微
责任印制：李宝丰
出　　　版：中国大百科全书出版社
地　　　址：北京市西城区阜成门北大街 17 号
网　　　址：http://www.ecph.com.cn
电　　　话：010-88390718
图文制作：北京杰瑞腾达科技发展有限公司
印　　　刷：唐山富达印务有限公司
字　　　数：100 千字
印　　　张：8
开　　　本：710 毫米 ×1000 毫米　　1/16
版　　　次：2025 年 1 月第 1 版
印　　　次：2025 年 1 月第 1 次印刷
书　　　号：978-7-5202-1729-3
定　　　价：48.00 元

探索无垠，启迪智慧之旅

在浩瀚的知识海洋中，人类始终怀揣着对未知世界的好奇与渴望，不断前行。从璀璨的星空到深邃的海洋，从微小的粒子到广袤的宇宙，奥秘无穷无尽，吸引着我们去探索、去发现、去理解。

自古以来，知识就是人类进步的阶梯，是推动社会发展的重要力量。从古希腊哲学家泰勒斯首次提出"水是万物之源"的朴素自然观，到伽利略首次将望远镜对准夜空，开启天文学的新纪元；从牛顿的万有引力定律，到爱因斯坦的相对论，每一次知识的飞跃，都深刻地改变了我们对世界的认知。今天，我们站在巨人的肩膀上，拥有更加先进的科技手段，能够以前所未有的深度和广度去探索这个多彩的世界。

在本书的编纂过程中，我们始终秉持着系统性和启蒙性的原则。系统性意味着不仅要覆盖知识的各个领域，还要注重知识之间的内在联系和逻辑关系，最终形成一个完整的知识体系。这样，读者在阅读过程中，不仅能够学习具体的知识点，还能够理解这些知识点在整个知识体系中的位置和作用，从而更加深入地掌握所学知识。

启蒙性则是指我们在阐述科学知识时，注重培养读者的科学思维和批判性思考能力。我们鼓励读者不仅要接受知识，更要学会质疑、学会创新。通过引导读者进行科学探究和实践活动，我们希望能够激发读者的好奇心和求知欲，培养独立思考和解决问题的能力。

随着科技的飞速发展，人类的认知也在不断深化和拓展。从量子纠缠到暗物质探测，从基因编辑到人工智能，每一次科技的突破都预示着新的科学革命即将到来，同时，我们对历史与社会的认识也在不断深入。

我们希望通过本书，为读者提供一个起点，而不是终点。我们鼓励读者在阅读过程中，不断提出新的问题、探索新的领域、追求新的发现。因为，真正的智慧之旅，是从不断提问和不断探索中开始的。我们相信，只要保持对知识的热爱和追求，每一个人都能成为自己领域的探索者和创新者。

在结束这篇序言之际，我们想说，探索未知、追求智慧，是人类永恒的主题。本书是我们为每一位热爱知识、渴望智慧的读者准备的一份礼物。希望它能够陪伴你走过一段充满惊喜和发现的旅程，让你在探索未知的道路上，不断收获新的知识和感悟。

让我们携手共赴这场智慧之旅吧！在仰望星空的浪漫中，在脚踏实地的探索中，在系统性与启蒙性的引领下，共同揭开自然与历史的神秘面纱，追寻那些隐藏的真理和智慧。愿你在这次旅程中，不仅能够收获知识的果实，更能够找到属于自己的那片星空和那片大地。

第一章　春秋、战国、秦、两汉

第二章　魏晋南北朝

第一章

春秋、战国、秦、两汉

孙武

中国古代军事家、古代军事理论奠基者、春秋末期吴国将军。又称孙子。字长卿。齐国乐安（今山东惠民，一说博兴，或说广饶）人。

为齐国田氏（即陈氏）后裔，祖父田书伐莒（今莒县）有功，被齐景公赐姓孙氏。后齐国内乱，孙武出奔吴国。经吴国重臣伍子胥推荐，向阖闾进呈所著兵法13篇，被重用为将。吴、楚争夺霸权，长期战于江淮。孙

武与伍子胥等辅助阖闾制定并实施自强其力、待机而动、分兵轮番袭楚的方略，使楚疲于奔命，国力耗损。周敬王十四年（前506），阖闾采纳孙武等建议，乘楚国兵疲松懈之机，以唐（今湖北随州西北）、蔡（今河南新蔡）军队为前导，率军从楚守备薄弱的东北部实施迂回奇袭，一举攻入楚都郢（今湖北荆州纪南城），楚国因此丧失了争霸力量。吴国西破强楚，北威齐、晋，显名诸侯，"孙子与有力焉"。产生于战争频繁、社会大变革时代的《孙子兵法》，集中反映了孙武丰富而深邃的军事思想。在中国和世界军事史上，孙武率先论述战争全局问题，最早揭示出"知彼知己，百战不殆"等指导战争的普遍规律，深刻总结出"攻其无备，出其不意"等一系列至今仍有科学价值的作战指导原则，闪耀着朴素的唯物主义和辩证法思想的光辉。《孙子兵法》以其博大精深的战略理论彪炳古今中外，孙武则以"兵圣"之誉而名垂千古。

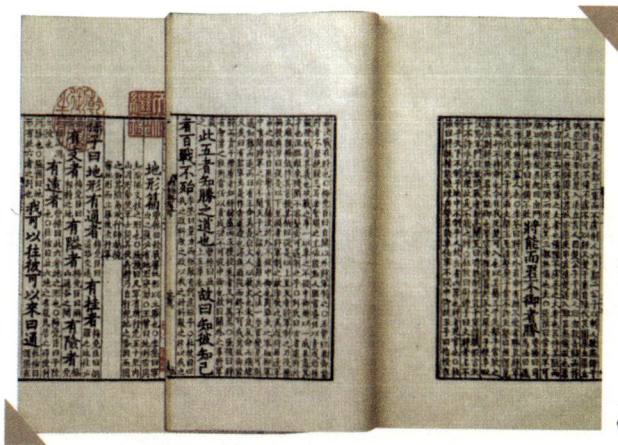

《孙子兵法》南宋刊本

11

范蠡

春秋末期军事谋略家、政治家。生卒年不详。字少伯，楚国宛（今河南南阳）人。

与宛令文种一同赴越，为大夫。越王勾践即位后，范蠡主持军事，与主持政务的文种筹划振兴越国。周敬王二十六年（前494），吴越夫椒（今浙江绍兴北，一说今太湖中之西洞庭山）之战，越军惨败。后范蠡建议勾践请和存国，以屈求伸，并随勾践入吴，为臣仆三年（一说二年），备尝屈辱。获释归国后，范蠡与文种等，为勾践制定结好齐、晋、楚，表面卑事吴王夫差，暗中积聚力量的兴越方略。数年之间，越国强盛。三十八年，范蠡乘吴王夫差

范蠡

率兵北上争霸之机，出谋袭吴，率师一部沿海溯淮以绝夫差归路，配合勾践所率主力歼吴都姑苏（今江苏苏州）守军，俘吴太子，迫夫差求和。

四十二年，勾践采纳范蠡、文种建议，再次乘隙攻吴，以两翼佯动、中央突破、连续进攻的战法，大败吴军于笠泽。其后夫差被越军久困而求和，范蠡力主不可纵敌贻患，终成灭吴之功。后隐退入齐，又移居陶（今山东定陶西北），易姓朱，称陶朱公，经商致富，寿终。范蠡善观大局，认为对敌应据国势强弱而决策，强则戒骄逸，处安有备，弱则暗图强，待机而动。用兵善乘虚蹈隙，出奇制胜。《汉书·艺文志》记有范蠡兵法两篇，惜已佚。

吴起

战国初期军事家、政治家。卫国左氏（今山东定陶西）人。初为鲁将破齐军，后入魏为将。周威烈王十七年（前

吴起

409），吴起率军攻取秦河西地（今陕西东部黄河西岸地区）。任魏西河郡守 20 余年，致力改革政治、经济、军事，创建了一支经过严格选拔和训练的"武卒"，与诸侯国作战数十次，开疆拓地，战绩卓著。后遭大夫王错陷害，被迫于周安王十九年（前 383）投奔楚国。先任宛（今河南南阳）守，一年后升令尹，掌军政大权，主持变法。吴起针对楚国积弊，剥夺旧贵族政治、经济特权，裁减冗员冗费，用于选练军队，以求富国强兵。仅一年，贫弱的楚国开始强盛，兵威四方。二十一年，楚悼王死，反对改革的旧贵族乘机杀害吴起。历史上，吴起作为政治家与商鞅齐名，作为军事家与孙武并称。他能征善战，治军严明，与士卒共甘苦，传曾亲为士卒吮疮毒，深得部众之心。相传由吴起著的《吴子》一书，在中国古代军事典籍中占有重要地位。

白起

战国时期秦国名将，军事家。又称公孙起。郿（今陕西眉县东）人。

初为左庶长，由相国魏冉举荐，任主将攻韩、魏，旋升左更。周赧王二十二年（前293）伊阙（今河南洛阳龙门）之战，白起用避实击虚、先弱后强的战法，全歼韩、魏联军24万，因功晋升国尉。次年，再升大良造。此后30余载，驰骋于韩、赵、魏、楚等国，屡次获胜，攻取70余城。三十六年，白起趁楚国防备松懈，率军数万深入楚地，大破楚军，攻克楚都，迫楚王徙都，受封武安君。四十二年，赵、魏联军攻韩华阳（今河南新郑北），白起与

白起

客卿胡阳率军救韩，急行八日，不失战机，大败联军，斩魏军 13 万，将赵卒两万驱入河中淹死。五十五年，秦、赵长平之战，白起针对赵军统帅赵括骄躁轻敌、缺乏实战经验的弱点，诱其率军脱离有利阵地，予以分割包围，射杀赵括，史称他坑杀降卒 40 万。白起欲乘胜灭赵，因遭相国范雎嫉妒而未果。后秦昭王多次强令白起率军攻赵，白起分析前后形势有异，攻赵必败，不愿做辱军之将，拒不受命，触怒昭王，贬为士伍，五十八年十二月被迫自杀。白起戎马一生，勇谋兼备，长于野战进攻，料敌用兵，战必求歼，为秦国统一大业立下卓著功勋。后世多称赞其巧妙用兵而讥评其杀戮无度。

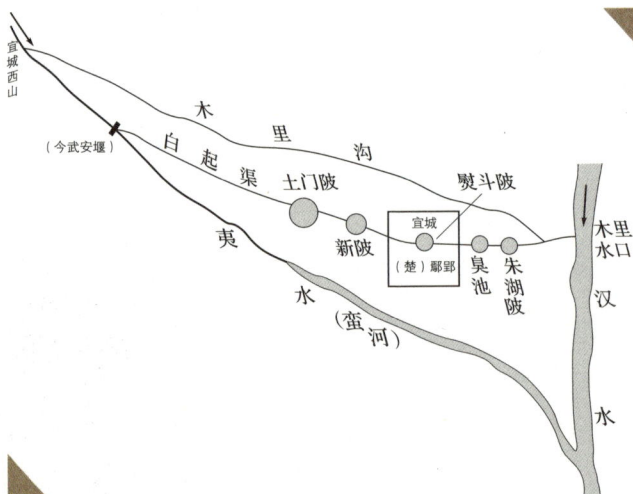

白起渠最早是白起为攻克鄢城，在鄢城西面约百里处筑堤凿渠，引西山长谷水灌所建的战渠

李牧

战国末年赵国名将。

赵孝成王时，长期驻守赵北部边境防御匈奴。先是坚壁自守，数年不战，示弱以麻痹匈奴，同时积粮练兵，厚待士卒，养精蓄锐。待时机成熟，诱匈奴主力来攻，布阵设伏，两翼包抄，歼匈奴10万余骑，又乘胜前进，破东胡，降林胡，声威大震，使匈奴不敢进犯。此后，李牧继廉颇、赵奢成为赵国的主要统兵将领。赵王迁二年（前234），赵国遭秦将桓进攻，丧师10万，形势危急。此时，李牧被任命为大将军，率军与秦军激战于宜安（今河北石家庄东南），大败秦军，受封武安君。四年，秦军进至番吾

李牧

（今灵寿西南），畏李牧而退。七年，秦将王翦等分南北两路大举攻赵，李牧与司马尚率兵抗御，秦军受阻。秦因两次攻赵均为李牧等所败，乃以重金贿赂赵王宠臣郭开、韩仓，使其诬告李牧等谋反。赵王听信谗言，逼李牧自尽，解除司马尚兵权。5个月后，赵都邯郸即为秦军所破。

蒙恬

秦代名将。祖先为战国时齐国人。其祖父蒙骜入秦，屡立战功。父蒙武亦为一代名将。

蒙恬早年学法律，曾为狱官，典掌文学。秦王政二十六年（前221），因家世得为军将，大破齐国，拜为内史。秦始皇统一六国后，蒙恬奉命将30万众，北逐匈奴，收复河南地（今内蒙古河套地区），并且因河为塞，临河筑44座县城，迁谪戍居住。又监修长城、直道。长城逶迤万余里。直道自九原抵云阳，全长1800里，因难修，未完工。这些措施对防止匈奴侵扰发挥了重大作用。蒙恬驻兵上郡十余年，威震匈奴。其弟蒙毅也位至上卿。在将相大臣中，蒙氏兄弟与秦始皇关系最为亲近。秦始皇于始皇帝三十七年巡游会稽，北还至沙丘病死。中车府令赵高与丞相李斯、公子胡亥密谋篡改诏书，立胡亥为太子，遣使者赐公子扶苏、蒙恬死，结果扶苏自杀。蒙恬疑诏书有诈，不肯就范，被囚禁于阳周，蒙毅也被囚禁于代。赵高与蒙毅有私怨，又担心蒙氏兄弟复贵对己不利，遂罗织罪名，加以陷害。秦二世胡亥即帝位后，处死蒙毅，迫使蒙恬服毒自杀。

窑店秦长城遗址

项羽

秦末重要的反秦将领之一。下相（今江苏宿迁西南）人。名籍，字羽。祖父项燕为战国末年楚国将领。

项羽少时学习书法和剑术，都无成就，叔父项梁教他兵法，他略知大意，也不肯深学，然力能扛鼎、才气过人。秦始皇东游会稽时，他在路旁观看，曾说："彼可取而代也。"

秦二世元年（前209）七月，陈胜、吴广首义反秦。同年九月，项梁与项羽也举吴中兵反秦。陈胜牺牲后，项梁、项羽所部成为当时反秦武装的主力。项梁阵亡后，秦将章邯率军击赵。义军领袖楚怀王命宋义为上将军，项羽为次将，率兵救赵。项羽袭杀宋义，受命为上

项羽

将军，统率全军，随即亲自率全军渡河，破釜沉舟，大破秦军。从此，各路诸侯军都听从项羽指挥。又招降章邯，在新安城南将秦卒 20 万全部坑杀。

项羽入关后，企图消灭先入定关中的刘邦，独霸天下。因刘邦卑辞言和，双方暂时和解。项羽随即引兵西屠咸阳，诛秦降王子婴，掳掠货宝和美女东归，秦民大失所望。汉高祖元年（前206），项羽以义军共主楚怀王为义帝，都郴，又分封诸侯，自立为西楚霸王。不久，田荣、陈余、彭越等相继举兵反楚。汉王刘邦也还定三秦，决策东向，于是爆发楚汉战争。

楚汉之争时，项羽取得一系列战役的胜利，但其政治、军事上的弱点却导致他的最终失败。汉高祖五年十二月，楚军被围困于垓下（今安徽灵璧东南），人少食尽。汉军四面唱起楚歌。项羽与虞姬对饮，慷慨悲歌："力拔山兮气盖世，时不利兮骓不逝，骓不逝兮可奈何，虞兮虞兮奈若何！"随即引兵突围至乌江（今安徽和县东北），自刎而死。项羽自刎前，仍称"此天之亡我，非战之罪也"，不能认识自己终致失败的原因。汉高祖刘邦以鲁公礼葬项羽于谷城。

韩信

秦末汉初军事家。淮阴（今属江苏）人。

自幼家贫。陈胜、吴广起义后，韩信始投项梁，继附项羽，后从刘邦。汉王元年（前206），经丞相萧何力荐，始为大将，协助刘邦制定还定三秦以夺天下的方略。楚汉战争期间，韩信率兵数万，开辟北方战场。破魏之战，针对魏军部署，佯作正面渡河之势，暗从侧后偷渡，攻其不备，俘获魏王豹。井陉之战，背水为阵，使将士死地求生，人自为战，大破赵军。潍水之战，借助河水，分割楚军，将齐、楚联军各个击灭。四年二月，被封为齐王。参与指挥垓下（今安徽灵璧南）决战，击灭楚军。韩信熟谙兵法，战功卓著，为

韩信

汉王朝的创建做出了重要贡献。其用兵之道为后世所推崇。刘邦虽用韩信而心存疑忌，故在项羽败亡后，即夺其兵权，徙为楚王，继黜为淮阴侯。吕后又与萧何定计，于汉高祖十一年（前196）正月诱韩信至长乐宫，以谋反罪名杀之。韩信著有兵书三篇，参与整理兵家著作，还收集、补订了军中律法，均已失传。

周勃

西汉初年的开国功臣。祖先为卷（今河南原阳西南）人，后徙居沛（今江苏沛县）。

早年以织薄曲（蚕具）为生，常以吹箫助人料理丧事。秦二世元年（前209）九月，随同刘邦起兵反秦。在推翻秦王朝、楚汉战争和汉初平定异姓诸侯王叛乱的过程中，统率主力部队，经常为禁旅前锋，功勋卓著。刘邦称帝后，周勃受封为绛侯，食邑8180户，先后任太尉、相国。

周勃

周勃为人质朴，不善言辞。汉高祖刘邦临终前，吕后询问丞相人选。高祖曾说，周勃重厚少文，将来安定刘氏天下的一定是他，可以任为太尉。高祖死后，周勃以列侯事惠帝。惠帝六年（前189）任太尉。吕后死后，诸吕秉权，危及刘姓统治。周勃与丞相陈平合谋，联络朱虚侯刘章等宗室重臣，平定了诸吕之乱，并迎立代王为帝（即汉文帝刘恒）。

文帝即位后，周勃为右丞相，却不熟悉丞相职守。文帝曾询问全国一岁决狱和钱谷出入的数目，他无言以对。文帝很不满意，周勃只好称病请辞。后一度复出，终遣归封国。周勃怕文帝杀他，在封国时经常身穿甲胄，令家人执持兵器。有人告发他企图谋反，结果被廷尉逮捕下狱。虽得赦免，复爵邑就国，但未再受重用。卒，谥武侯。

周亚夫

汉文、景之世名将。周勃次子，因兄胜之杀人被处死，故得嗣爵，封为条侯。

文帝后元六年（前158），匈奴大举侵扰上郡、云中，京城长安告警。周亚夫以河内太守被任为将军，驻屯细柳。因治军谨严有方，不久迁中尉，负责京城治安。汉景帝刘启即位后，任亚夫为车骑将军。三年（前154）吴楚七国发动叛乱，周亚夫以太尉率军平叛。他会兵荥阳，固守昌邑，待机以轻骑断绝吴军粮道。最后以精兵出击，不到三个月，就平定了叛乱。五年后，周亚夫迁为丞相，很受景帝

周亚夫

器重。不久，因不同意废栗太子，又在王皇后兄王信和匈奴降王徐卢五人封侯等政事上与景帝旨意相左，加以梁孝王的挑拨和诬陷，受到景帝猜忌，中元三年（前147）被免除丞相职务。景帝后元元年（前143），周亚夫子私买工官尚方甲盾500具，备作其父葬器，被人告发，事连周亚夫。廷尉召亚夫对质，并逼其供认谋反。周亚夫不服，绝食五日，呕血而死。

马援

马援

东汉初名将。字文渊。扶风茂陵（今陕西兴平东北）人，出身官宦世家。

新莽时，任郡督邮。因私纵重囚，亡命北地（今甘肃庆阳西北）。遇赦，留居当地经营牧畜，役属宾客数百家。后为新成大尹（新莽改汉中为新成，太守为大尹）。新莽败亡后，马援投奔割据凉州的军阀隗嚣，颇受敬重，任绥德将军。建武四年（28），曾为嚣奉书洛阳，受到汉光武帝刘秀礼遇。后隗嚣遣长子恂入质东汉王朝，马援随同至洛阳。隗嚣公开反叛东汉王朝后，马援为光武帝谋划，并往来游说，离间隗嚣部属。建武八年，光武帝亲征，马援聚米为沙盘，分析形势，指画进军途径，使光武帝得以顺利击溃隗嚣。因王莽末年入据金城属县的西羌酿成边患，建武十一年，马援任陇西太守，率军先击破先零羌于临洮（今甘肃岷县）。随后，又击降武都参狼羌，于是陇右诸羌平定。建武十六年征为虎贲中郎将。次年，交趾郡征侧、征贰聚兵反抗东汉王朝，九真、日南、合浦起而响应。马援又被拜为伏波将军，领兵南下，平定二征，并进击征侧余部都羊等，悉平岭南，因功封新息侯。马援行军所过，经常为郡县修治城郭，穿渠灌溉，以利百姓。此后，匈奴、乌桓侵扰三辅，马援又主动请兵出击。建武二十四年，又领兵远征武陵、五溪。次年，汉军受阻于壶头（今湖南桃源西南），士卒多疫死，援亦病死于军中。汉光武帝因帝婿黄门郎梁松之谮，追收马援新息侯印绶。永平初，汉明帝纳马援女，立为皇后。因明帝禁外戚之家封侯预政，故马援未得入云台二十八将。至建初三年（78），汉章帝使五官中郎将持节追策，谥援为忠成侯。援著《铜马相法》，并铸铜马，以为名马法式。

班超

中国东汉外交家、军事家。字仲升。扶风安陵（今陕西咸阳东北）人。

父班彪、兄班固。明帝永平十六年（73），奉车都尉窦固伐北匈奴，以班超为假司马，将兵别击伊吾，战于蒲类海（今新疆巴里坤湖），有功。随后，固又遣超率吏士36人出使西域南道，在鄯善（今新疆若羌一带）定计消灭了匈奴使者，使鄯善专心臣服于汉。窦固奏报朝廷，升超为军司马。班超复受命出使，使于阗（今新疆和田一带）也臣服于汉。十八年，焉耆（今新疆焉耆一带）、龟兹攻杀西域都护陈睦；适逢明帝去世，汉朝尽撤西域屯兵，超

班超

独留疏勒，孤立无援，龟兹、姑墨（今新疆阿克苏一带）不断前来攻击。章帝下诏命超还朝。班超回到于阗，于阗王侯等苦苦挽留，超因此复还疏勒。建初三年（78），班超率疏勒、于阗等国兵大败姑墨，想乘此平定西域，遂上疏请兵。朝廷遣假司马徐幹率兵增援超。八年，拜超为将兵长史。次年，又遣和恭等率兵受超指挥。时莎车（今新疆莎车一带）与龟兹连兵，疏勒王忠亦叛，班超设计擒杀之。章和元年（87），班超率于阗诸国兵大破莎车，莎车降，威震西域。贵霜王遣使奉献，并求娶汉公主，被超拒绝，因此怀怨。和帝永元二年（90），贵霜遣其副王谢率兵七万越过葱岭攻超，为超所败，此后不敢再侵犯。三年，龟兹、姑墨皆降，汉廷以超为西域都护，驻龟兹境。六年，超率龟兹、鄯善诸国兵讨焉耆，大破之，斩其王，西域遂平，50余国都遣质子臣属于汉。七年，封超为定远侯。九年，班超遣甘英出使大秦，抵达安息西境，未到大秦而还。十二年，班超年老，上疏请归，诏还。十四年，到洛阳，拜射声校尉，不久去世。班超在西域31年，主要依靠当地兵力，平定了城郭诸国的内乱，对外抵御了强敌，人心向附。自汉置西域都护以来，班超功绩最为卓著。

张辽

三国时期曹魏名将。字文远。雁门马邑（今山西朔州东）人。卒于江都（今江苏扬州西南）。

安徽合肥逍遥津张辽塑像

少为郡吏，后任州从事。入京先后属何进、董卓，继归吕布为骑都尉。汉献帝初平三年（192），随吕布败走，东出武关，投袁术、张扬、袁绍。兴平元年（194），乘曹操东征之机，从吕布攻兖州。次年，又与吕布奔徐州投刘备，领鲁相。建安三年（198），率众降曹操，任中郎将。

建安五年，在官渡之战中与关羽为曹军先锋，斩袁绍大将颜良，解白马（今河南滑县东）之围，首建战功。六年，奉命平鲁国诸县，收降地方豪强昌豨于东海（今山东郯城）。继平冀州有功，行中坚将军，升荡寇将军。十二年，随曹操征柳城（今辽宁朝阳西南），于白狼山（今喀喇沁左翼东）与乌桓军遭遇，乘其阵列不整，接过帅旗，突袭取胜，斩乌桓王蹋顿。十四年，督张郃等平庐江郡陈兰、梅成叛乱，不惧兵少道险，强攻天柱山（今安徽岳西境）获胜。十九年，随曹操率军进驻合肥，不久曹操率主力西取汉中，张辽等奉命领兵 7000 留守。次年八月，孙权统军 10 万攻合肥，张辽遵曹操所嘱，以攻为守，留将军乐进率军一部守城，与李典在吴军围城未合之时，连夜选勇士 800 人，凌晨披甲出战，斩吴军两员大将。继被吴军围困，张辽杀出重围，随从仅数十人，又杀入重围救出余众。吴军屡战不胜，锐气大挫，张辽等安然还城。孙权围合肥十余日不克，被迫撤军。张辽乘势倾全力追击，斩吴偏将军陈武，伤其将军凌统，击败甘宁、吕蒙、蒋钦诸部，致孙权跃马逍遥津（今合肥东）方脱险。张辽备受曹操赞赏，升征东将军。继增兵屯居巢（今巢湖境）。曹丕即位后，升前将军，封晋阳侯。黄初三年（222），带病率军攻吴，破吴将吕范。不久病卒。一生征战，以果敢著称，亦有谋略。

陆逊

三国时期吴国将领、大臣。孙策之婿。字伯言。吴郡吴（今江苏苏州）人。

出身江东大族。汉建安二十二年（217）建议进攻山越，以安定腹心，并取其精锐，扩大部伍。为孙权采纳，得精兵数万。二十四年，吕蒙谋划攻取南郡，陆逊以偏将军、右都督代吕蒙督军，并修书麻痹关羽，乘机袭取南郡，领宜都太守。屡有战功，拜右护军、镇西将军，封娄侯。吴黄武元年（222）为大都督，督5万人拒刘备大军于夷陵，固守七八个月，待敌军疲惫、士气低落，突用火攻，大败刘备。拜辅国将军，领荆州牧，改封江陵侯。刘禅即位，

陆逊

诸葛亮秉政，吴蜀复盟。孙权深重陆逊，与蜀文书往返多与他谋议。黄武七年破魏扬州牧曹休，黄龙元年（229）拜上大将军、右都护。孙权称帝，徙都建业，留陆逊辅太子，掌荆州和豫章三郡事，镇武昌。上书反对严刑峻法，主张除大罪者外，对将吏均应"忘过记功"。嘉禾六年（237），豫章三郡郡民起事，陆逊镇压，并强迫降民中精壮者 8000 人为兵。赤乌七年（244）官至丞相。因亲附太子，牵涉宫廷斗争，数遭孙权责问，愤恚而卒。

第二章

魏晋南北朝

石勒

十六国时期后赵建立者。字世龙，原名匋勒，上党武乡（今山西榆社北）羯人。319年称赵王。

羯人的来源，一说是归属于匈奴随之入塞的羌渠部后裔；一说来自中亚的石国。

"丰货"钱，东晋大兴二年（319）
石勒称赵王时铸

石勒青年时期曾从事耕田、沤麻等农业活动，后在荒年被并州刺史司马腾枷押山东出卖。被主人放

36

免后，结识马牧帅汲桑。305年，和汲桑率领牧人乘苑马数百骑，投奔起兵于赵魏的公师藩。公师藩失败，汲桑自号大将军。石勒原有一小队胡人为主的部下，号称"十八骑"。这时归附他的日益增多。汲桑以石勒为前锋，攻下邺城，杀司马腾。汲桑失败，307年，石勒率部投汉主刘渊。刘渊、刘聪向山东、河北扩张，主要依靠石勒兵力。

311年，于宁平城（今河南郸城东北）全歼晋军。后攻破洛阳，俘晋怀帝。既而筹划进攻东晋。312年春，东晋在寿春聚集大军，严加戒备。当时大雨三月不止，石勒军中饥疫，死者达三分之二。遂依张宾之策，放弃南下计划，进据襄国（今河北邢台），逐步统一黄河以北大部地区。

石勒先结好于并州刺史刘琨，消灭幽州刺史王浚，然后逼走刘琨，消灭幽州的鲜卑段氏，攻下冀州郡县；击败各地抵抗的流民队伍。到321年，幽、并、冀三州皆归石氏。323年破曹嶷，取青州。328年在洛阳大败前赵军，俘刘曜，并有关陇。北方地区除辽东慕容氏、河西张氏外，都统一于石氏。330年，改称赵天王，行皇帝事，同年又改称皇帝。

石勒出身低微，早年饱经忧患，但富于军事才能，政治上也颇有见识，自比在刘邦、刘秀之间，鄙视曹操、司马懿欺负孤儿寡妇以取天下。他胸襟开阔，不念旧恶。依靠张宾等汉族士人巩固其统治。攻下冀州郡县堡壁后，搜罗"衣冠人物"，组成"君子营"。后赵建国后，"典定士族"，区分士庶。选拔人才的办法，大致沿用九品中正制。

石勒沿袭刘渊胡、汉分治办法，称赵王时又自号大单于，任石虎为单于元辅。称赵天王后，命其子石弘为大单于。石勒禁止胡人侮慢汉人士族。他不许在丧婚娶，以适应汉人习惯。职官大体依照晋制。攻占幽冀后，核实州郡户口，每户所课租调比西晋有所轻减。立国后，为节省粮食，禁止酿酒。石勒注意教育，在襄国和地方设立学校。建立后赵前，曾令采择晋代律令要点作为暂行制度，后改用正式律令。他所采取的上述各项措施在那时是难能可贵的。但是，他亦残酷好杀。

苻坚

古代十六国时期前秦国君。字永固，一名文玉。氐人。在位29年。

原籍略阳临渭（今甘肃天水东北），生于邺城。祖父洪，氐人部落的首领；伯父健，前秦创建者。苻坚汉文化修养较深，博学多才艺，有政治抱负。初封东海王。357年发动政变，杀死国主苻生（苻健子），自称为大秦天王。即位后励精图治，用人唯贤，先后启用一批有文武之才的新人。对于汉族士人王猛更是信任有加，委以"军国内外万机

"大秦龙兴化牟古圣"瓦当

之务"。支持王猛大力剪除不法豪强，强化中央集权。重视统治阶层的人才培养和选拔。下令地方荐举孝悌、廉直和长于文学、政事者，进行考核，由是"内外之官，率皆称职"。对于被征服地区的上层分子一概采取优容政策，录用不少他族或投降的人为文官武将。推崇儒学，广置学官，令公卿以下子孙入学，并多次亲临太学主持考试。关中为前秦根本所在，因多年混战，生产废弛。苻坚一再"劝课农桑"，遂使关陇地区的经济得到恢复和发展。

经过多年经营，前秦国势渐强。370年攻灭前燕，次年灭仇池杨氏政权，373年夺取东晋梁、益两州，376年灭前凉和代。382年派吕光进军西域。成为十六国中最强大的政权，其疆域东极沧海，西并龟兹，南包襄阳，北尽沙漠。又与新罗、大宛、康居、天竺等62国遣使通好。苻坚统一北方后，不顾群臣劝阻，倾前秦之力，调集步骑90万余，分兵三路南

下，以图一举消灭东晋。383 年大败于淝水。此后，前秦分裂，下属慕容垂和姚苌先后背叛，分别建立后燕和后秦。长安长期被叛军围困。385 年苻坚出走为姚苌所俘，遭缢杀。

谢玄

东晋名将。字幼度。陈郡阳夏（今河南太康）人。

谢安兄奕之子，少为谢安所器重，后被桓温举为掾属。

谢玄

谢安执政，荐为建武将军、兖州刺史、广陵相，参与组织训练北府兵。太元四年（379）前秦军陷襄阳，又连下彭城（今江苏徐州）、淮阴、盱眙，进围三阿（今江苏金湖东南），东晋朝廷上下震动。谢玄自广陵救援，三阿围解。复与田洛合兵 5 万大败秦军，连克盱眙、淮阴，前秦军败退淮北，以功封东兴县侯。八年（383），前秦军大举南进，淝水之战爆发。谢玄以前锋都督之职，率8000精兵强渡淝水，终于以少胜多，击溃强敌。次年乘胜克彭城，收复徐、兖、青、豫诸州，进据黎阳（今河南浚县东），以功封康乐县公。司马道子忌谢氏功高，"以征役既久，宜置戍而还"为借口，令谢玄回镇淮阴。旋因病解职，转授会稽内史，卒于官。

刘裕

南朝宋王朝建立者。字德舆，小名寄奴。原籍彭城（今江苏徐州）。在位3年。

曾祖刘混东晋时渡江侨居京口，父刘翘曾为郡功曹，早亡。刘裕少贫困，以樵渔及贩履为生，曾为北府兵将领孙无终冠军府司马。隆安三年（399）任前将军刘牢之参军，随从镇压孙恩起义，累官建武将军，下邳太守。时长江上游方镇大将桓玄谋夺朝政，举兵向阙，入建康，杀晋宗室子弟及北

刘裕

府名将刘牢之等，自立为楚王。刘裕无世资，遂被桓玄任为将军，率军镇压东南沿海的孙恩余众。但刘裕志性高远，对桓玄外示恭顺，内则团结北府将士伺机反抗。元兴三年（404），与刘毅、何无忌、檀凭之等27人自京口起兵，杀镇京口的桓修，随后击溃桓玄。迎安帝回建康复位。刘裕以功加侍中，进号车骑将军、开府仪同三司，镇京口。义熙四年（408），以扬州刺史、录尚书事入京辅政，独揽朝权。

五年二月，南燕慕容超大掠淮北，刘裕兴兵北伐。四月，率军从建康北上，沿淮河，越大岘（今山东沂水北穆陵关），次年攻破南燕都城广固（今山东青州西北），收复青、兖两州，追获慕容超，斩首于建康。七年，回兵平定卢循起义军。八年，铲除势力日大的刘毅以及潜在对手诸葛长民、晋宗室司马休之等，进一步控制朝廷军政大权。九年，又西攻谯纵，收复巴蜀。十二年，后秦主姚兴病卒，子弟争权残杀，关中扰乱，刘裕乘机率大军北伐，翌年进克洛阳、长安，灭后秦。此时留守朝廷的刘裕心腹、尚书左仆射刘穆之病故，为免大权旁落，乃留大将王修、王镇恶等辅助刘裕次子刘义真镇守长安，自己仓促返回建康。留守长安的晋军内讧，夏主赫连勃勃乘机夺取关中。刘义真等被迫撤离长安，损失惨重。但自潼关以东、黄河以南直至青州已成南朝版图，江淮流域得到保障。

刘裕南返后，加相国宋公九锡之命。安帝死，恭帝即位，征其入辅，封为宋王。恭帝元熙二年（420）刘裕代晋称帝，国号宋，改元永初。他在称帝前后，注意节俭，整顿东晋朝纲弛紊的局面，抑制豪强，杀奴客纵横的京口刁逵、隐匿人口的余姚大族虞亮。同时，废除一部分屯田池塞以赈百姓，禁止豪强封固山泽，并依界土断，精简了侨州郡县。还减轻刑罚，兴学校，策试诸州郡秀才。经过刘裕的治理，江淮地区的社会经济得到恢复和发展，为元嘉年间（424～453）的繁盛奠定了基础。

陈霸先

南朝陈创建者。字兴国，小字法生。在位3年(557～559)。自称祖居颍川（今河南许昌东），永嘉之乱始迁吴兴长城（今浙江长兴东）。

家世寒微，出身小吏，然喜读兵书，长于军事。初随梁

陈霸先

宗室萧暎至广州刺史任，为中直兵参军。因镇压土著人起义有功，累官西江督护、高要太守、督七郡诸军事。太清二年（548）侯景叛梁，攻陷建康。次年十一月于始兴（今广东韶关）起兵勤王讨景。大宝元年（550）出大庾岭，军至南康（今江西赣州），至湓城（今江西九江）与王僧辩会师，有甲士3万、强弩5000张、舟船2000乘。东进破建康，讨灭侯景，进位司空，领扬州刺史，镇京口。承圣三年（554）十一月，西魏陷江陵，杀梁元帝萧绎。乃与王僧辩共迎萧方智于建康为帝（梁敬帝）。四年，袭杀王僧辩，击退北齐兵，专擅朝政。太平二年（557）加九锡，晋爵为王，十月代梁即皇帝位，国号陈，改元永定。在位期间，致力于平定梁的残余势力及土著豪强。陈朝是南朝疆域最小、国力最弱的一朝。

冼夫人

南朝梁、陈至隋朝时期，岭南少数民族首领，女将。高凉（治所在今广东阳江西）俚人。

贤良、重信义，多谋善用兵，岭南地区的俚人部落十余万家都在其统领之下。梁大同初年（约535），与高凉太守汉人冯宝成婚。常助其决断词讼；首领有犯法者，虽是亲族也不宽纵，因而政令有序，人莫敢违。梁大宝元年（550），为维护地方安定，亲率千余人佯作送礼，出其不意，击败趁侯景之乱起兵反梁的高州刺史李迁

海南冼夫人纪念馆中的
冼夫人雕像

仕。陈永定二年（558），为制止分裂，减少战祸，在其夫去世的情况下，仍致力于招抚各部落，使岭南诸州安定如故；并遣子冯仆率诸首领北上觐见陈武帝。太建二年（570），发兵抗拒叛陈的广州刺史欧阳纥，并协同陈将章昭达平定此次叛乱。隋开皇九年（589），始闻陈亡隋立，为顾全大局，遣其孙冯魂带兵迎接隋将韦洸，并助其进入广州（今属广东）。次年，又派孙儿冯盎会同隋军一起击溃围困广州的番禺俚帅王仲宣所部。隋允其开幕府，置官属，听发六州兵马。冼夫人在世80余年，历经梁、陈、隋三个朝代，曾被岭南各郡共奉为"圣母"。因功分别被各朝封为中郎将、石龙太夫人、宋康郡夫人、谯国夫人。

拓跋焘

北魏皇帝，军事统帅。小字佛狸，庙号世祖，在位30年。鲜卑人。

魏道武帝拓跋珪之孙。泰常八年（423）即位。始光四年（427）率军进攻赫连夏，占领都城统万（今陕西靖边东北白城子），继续与夏争夺长安。神麚三年（430）夏的残余势力最后被消灭，关中之地全入北魏。太延二年（436）攻灭北燕，五年，击败北凉沮渠氏，占领河西，完成了统一北方的事业，与江东的刘宋王朝对峙，形成南北朝的局面。北魏自道武帝以后，政治上使用汉族高门，汲取不少魏晋典制；吞并河西后，又有大批河西文士进入北魏统治区域，不少到平城去做官，受到重用，北魏的儒学开始兴盛。

在向东西扩张的同时，北魏也警惕北方柔然的威胁。拓跋焘七次率军进攻柔然。太平真君十年（449）大败柔然，收民畜凡百余万。柔然可汗远遁，北方边塞得以安静。但保据仇池（今甘肃西和西南）的氐人杨氏，却始终依违于北魏与南朝之间。拓跋焘虽几次用兵，终未能长远征服。

拓跋焘注意西域的交通。太延三年（437）派遣散骑常侍董琬、高明等多携金帛，招抚西域九国，成为孝明帝神龟元年（518）宋云、惠生出使西域的先驱。以后西域与北魏保持经常联系的，有16国之多。

拓跋焘为人勇健，善于指挥。战阵亲犯矢石，神色自若，命将出师，违其节度者多败，因此将士畏服，为之尽力。他有知人之明，常从士伍中选拔人才，且赏不遗贱，罚不避贵，虽所爱之人亦不宽假。自奉俭朴，而赏赐功臣绝不吝惜。认为功臣勤劳日久，应让他们以爵归第，随时朝见饷宴，百官职务则可另简贤能。这样就保证了行政效率，使政治多少能健全发展。他还以为"文体（指文字）错谬"，下诏造新字千余，颁下远近，惜已不传。

作为一位北魏君主，拓跋焘维护鲜卑人地位，猜疑其他各族，动辄杀戮。围盱眙时给宋守将臧质信中说，北魏军中冲锋陷阵的都不是鲜卑人，杀死丁零与胡人士兵，可以减少常山赵郡及并州地方的麻烦。反映出他对待非鲜卑各族的态度。他倚重汉人，李顺、崔浩、李孝伯等先后掌握朝权。然而崔浩修国史翔实记载魏先世事迹，可能涉及某些鲜卑习俗和隐私，有伤体面，他不惜兴动大狱，将三朝功臣司徒崔浩处死，连清河崔氏与崔浩同宗者以及浩姻亲范阳卢氏、太原郭氏、河东柳氏都遭族灭。

拓跋焘追崇祖先，缅怀旧俗，是鲜卑统治者的另一表现。太平真君四年，乌洛侯国来告，拓跋祖先祭天石室尚在，即派人奉祭。1980年7月，在内蒙古呼伦贝尔盟鄂伦春自治旗阿里河镇西北大兴安岭北段东麓发现的嘎仙洞，即此石室。壁上刻有太平真君四年七月拓跋焘派谒者仆射库六官、中书侍郎李敞致祭的祝文，文字较魏书记载略详，称以祖先可寒可敦配饷皇天后土。此洞的发现，证实了鲜卑人发源之地的大鲜卑山，就是大兴安岭。

拓跋焘统治时期，人民起义非常频繁。太平真君六年卢水胡盖吴在关中杏城（今陕西黄陵西南）发动的起义，声势最为浩大。盖吴建号秦地王，有众十余万，得到安定卢水胡刘超、河东蜀薛永宗的响应，拓跋焘调动强大的兵力才镇压下去。拓跋焘受崔浩、寇谦之影响，奉道排佛。镇压盖吴过程中，在长安佛寺中发现大量兵器，认为佛寺与盖吴通谋，太平真君七年，决心废佛，诛杀僧人，焚毁经像，佛教在中国历史上第一次受到沉重打击。

经过元嘉之治的休养生息，宋文帝刘义隆开始具备北伐的条件。而北魏境内也再无后顾之忧，拓跋焘得以兵锋南向。宋军一度抵达北魏河南三镇（碻磝、滑台、虎牢），终以孤军深入，不能据有其地。太平真君十一年，魏军围悬瓠（今河南汝南），次年拓跋焘亲率大军南下，经过彭城、盱眙，直达

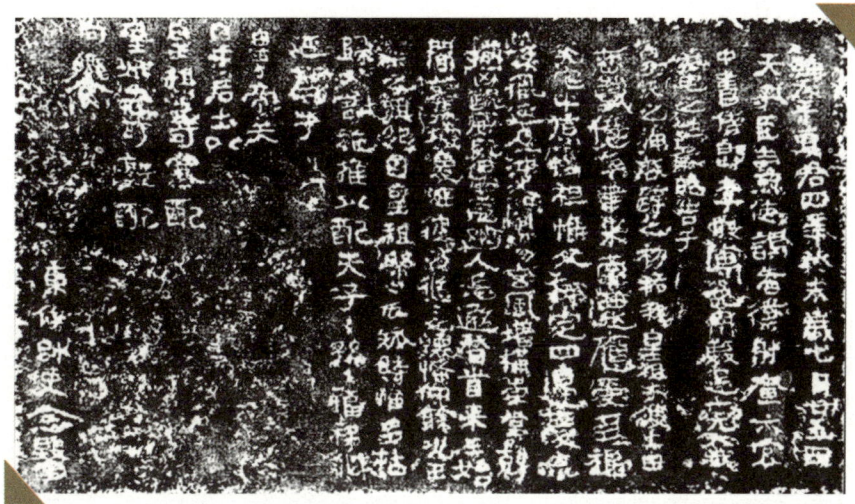

嘎仙洞石刻祝文拓本

49

江边的瓜步（今南京六合区东南瓜埠），建康震动。但魏军还不具备渡江灭亡南朝的条件，只蹂躏南兖、徐、兖、豫、青、冀六州，在江边掠民烧屋后退军。中常侍宗爱行为不法，诬陷太子晃的宠臣，晃忧惧而死。拓跋焘哀悼太子，宗爱惧诛，于正平二年（452），谋杀了拓跋焘。

斛律光

北齐名将。字明月。朔州（治今内蒙古和林格尔西北）高车人。

北齐左丞相斛律金之子。以武艺知名，善骑射，人称"落雕都督"。17 岁随父西征，以功擢都督，迁征虏将军。北齐天保元年（550）加开府仪同三司。在与北周长期作战中骁勇善战，多获胜利。河清二年（563），率步骑 2 万于轵关（今河南济源西北）西筑勋掌城，又筑长城 200 里，置 13 戍。三年，周柱国大司马尉迟迥等率兵 10 万攻洛阳（今洛阳东北），斛律光率骑 5 万迎击，并先行抢占邙山（今洛阳北），待周军攀山逆战时攻之，大败周军，俘斩 3000 余人。以功拜太尉。北齐后主天统元年（565）转大将军。武平元年（570）率步骑 3 万于宜阳（今宜阳西）等地抵御周军，先后获胜，俘其开府仪同三司宇文英等。因功晋右丞相、并州刺史。二年，领兵筑平陇（今山西稷山西）、卫壁等 13 城。在汾水（今汾河）北大破周将韦孝宽等，俘斩以千计。

斛律光

又率步骑 5 万出平阳（今临汾）道，攻占姚襄（今吉县西北）等城，大败周军，俘数千人。北周军取宜阳等 9 城，斛律光以 5 万部众赴宜阳城下，败周柱国纥干广略，取宜阳西建安等 4 戍。拜左丞相。斛律光刚正不贪，治军严厉却不妄杀；作战英勇，从未败北，深为邻敌所惮。三年六月，因北齐后主高纬中北周韦孝宽离间计而被谋害。

宇文邕

北周皇帝。小字祢罗突，武川（今内蒙古武川西）人，西魏大丞相宇文泰第四子，生于同州（今陕西大荔）。

武成二年（560），明帝宇文毓被权臣宇文护毒死，大司空、鲁国公宇文邕被立为帝。建德元年（572），宇文邕诛杀专擅朝权的宇文护，亲理国政。宇文邕严酷少恩但果断明决。他生活俭朴，焚毁过于华丽的宫殿。建德二年，宇文邕定三教先后，以儒为先，道次之，佛教最后。次年断禁佛、道二教，沙门、道士并令还俗，是为历史上"三武灭佛"事件之一。因突厥强盛，视北齐、北周为在南两儿，宇文

宇文邕

邕不得不娶突厥公主为后。在位期间，继续推行均田制，改进和发展府兵制度，将府兵指挥权从中外都督诸军事府收回自己掌握，招募均田户农民充当府兵，扩大兵源，充实军事力量。建德四年至六年，他与齐王宇文宪力排众议，进攻北齐，终于克平阳、晋阳和邺，灭北齐。世为厮役的河西人杂户、来自梁江陵俘虏的奴婢等，他都豁免为良人。宣政元年（578）宇文邕率军分五道伐突厥，未成行而病死。在位19年。三年后，杨坚灭周。

第三章

隋唐

杨坚

隋朝开国皇帝。弘农华阴（今陕西华阴东）人。

隋朝皇室据说出于汉代以后的士族高门弘农华阴杨氏，但早自北魏初期就世居武川镇（今内蒙古武川西）。父杨忠，西魏时为十二大将军之一，赐姓普六茹氏，北周时官至柱国大将军，封隋国公。

杨坚15岁时因父亲的功勋被授官散骑常侍、车骑大将军、仪同三司，封成纪县公。周武帝时杨坚进位大将军，袭爵隋国公。长女为周宣帝皇后，杨坚以皇后之父拜为上柱国、大司马。大象二年（580）五月，周宣帝死，子静帝宇文阐年方8岁。内史上大夫郑译、御正大夫刘昉假传遗诏，召杨坚入宫辅政，都督中外诸军事。坚自为左大丞相，总揽军政大权。

杨坚辅政后，为防止分封在外的北周诸王变乱，托故召武帝弟赵、陈、越、代、滕五王入长安。相州（今河南安阳南）总管尉迟迥、郧州（今湖北安陆）总管司马消难、益州（今四川成都）总管王谦相继起兵反叛。杨坚先后平定了三方叛乱，诛杀周室诸王，于大定元年（581）二月代周称帝，国号隋，改元开皇，是为隋文帝。

隋文帝杨坚

隋文帝进行了一系列的改革。开皇元年（581），他首先废除北周六官制，基本上确立了三省六部制，以利于加强中央集权；改南北朝以来的州郡县为州县两级体制。后来又规定六品以下官员也由吏部选授，地方官员不得自用僚佐，彻底废除汉代以来为豪强士族垄断的辟举制度。鉴于周宣帝时刑罚严酷，内外恐怖，人不自安，开皇元年，文帝命高颎等人参考魏晋旧律，制订刑律颁行。三年又命苏威、牛弘修改新律，删除苛酷条文，除死罪81条，流罪154条，徒杖等千余条。隋朝刑律虽有所轻简，但隋文帝本人却性情忌刻，往往随意杀人；还在律外行法，用以镇压人民。

隋文帝采取许多经济措施以巩固其统治。开皇元年春即位时，分官牛五千头给贫人，助其生产。二年，颁布关于均田和租调的新令。三年，下令将百姓成丁的年龄由18岁推迟到21岁；丁男服役期限由一个月减为20天，未被征发服役者须纳庸代役；户调绢由一匹（四丈）减为两丈。以后又规定丁男年满50，免役收庸。这些规定减轻了农民的负担，使农民有更多的时间从事农业生产。为使隐漏户口复归户籍，又采纳宰相高颎的建议，实行输籍之法，由各州县根据朝廷规定的"输籍定样"划分户等，检括隐漏之民为编户，扩大征发的对象。

隋文帝十分重视仓廪的建置和漕路的开通。开皇三年，下诏在黄河中游13州募丁运米，在沿河的卫州（汲郡，今河南浚县西南）、洛州（今河南洛阳东）、陕州（今河南三门峡西）、华州（今陕西华县）设置四座转运仓，向国都大兴城递次转输关东、汾晋的粟谷。四年，又命宇文恺主持开凿大兴城至潼关的漕渠，都城太仓的储粮得以充实。五年，又采纳度支尚书长孙平建议，诏各州设置义仓（即社仓），以备灾年赈济之用。文帝创置的义仓制度是封建国家保障社会生产力的一项措施，沿用到清代。

开皇初年，突厥骑兵经常扰掠隋朝北方地区。隋文帝采取积极防御策略，于开皇三年派重兵分八道出击，打败突厥。

隋文帝开皇前期的一系列政治、经济和军事措施取得了显著成效，为南下灭陈统一全国准备了条件。开皇八年二月，隋文帝下诏伐陈，十一月，以晋王杨广为元帅，高颎为元帅长史，分兵八路进攻。九年正月隋军渡过长江，攻占陈都建康，俘陈后主陈叔宝，陈朝灭亡。西晋末年以来延续近300年的南北分裂局面宣告结束。

开皇十年，隋文帝对府兵制进行改革。隋代沿袭西魏、北周的府兵制。府兵创立时的兵士只限于鲜卑与鲜卑化的人，基本上沿袭北魏以来鲜卑人当兵、汉人务农的政策。军民异籍在当时带有隔离的性质。北周后期，大量汉人也被募充府兵，但一旦入军就全家由民籍转入军籍。早在大象二年（580）杨坚为北周大丞相时，即下令西魏时受赐鲜卑姓的汉人一律恢复汉姓。西魏赐姓，带有使府兵部落化的性质，恢复汉姓也就具有破除鲜卑人当兵、汉人务农的意义。开皇十年文帝下诏，令所有的军人都在州县落籍，同民户一样从事生产。府兵全家一律归入州县户籍，受田耕作，士兵本人则仍保留军籍，由军府统领，以备征召。这一措施取消了兵民异籍制度，清除了胡汉分治的遗迹，有利于社会生产发展的要求。隋文帝统治的后期，国家富足强盛，编户大增，仓储丰实。

隋文帝在开皇年间重视儒学对于思想统治的作用。其晚年崇信佛教，"不悦儒术"。开皇初曾下诏天下劝学行礼。国家的图书典籍因战乱多有散失，又下诏购求遗书。他勤于政务，自奉甚俭，在封建帝王中颇不多见。但后来也有所变化。开皇十三年，营建仁寿宫，相当奢费，累死丁夫上万人。所以史籍说，隋朝的"乱亡之兆"虽然成于炀帝，但在文帝时已开其端。太子杨勇奢华任情，为他所不喜，开皇二十年废黜，另立较为节俭的次子杨广为太子。仁寿四年（604）七月，病中的隋文帝在杨广、杨素控制下猝然死去。

史万岁

隋朝名将。京兆杜陵（今陕西西安东南）人。

长于骑射，好读兵书。15岁随父从军。北周武帝时，其父战死，以忠臣子授开府仪同三司，袭爵太平县公。北周末，随上柱国梁士彦攻讨相州总管尉迟迥，每战先登，因功拜上大将军。隋初，因大将军尔朱勔谋反被杀而受牵连，发配敦煌（今甘肃敦煌西）为戍卒。隋开皇三年（583），秦州总管窦荣定击突厥，遂至辕门请自效。奉命与突厥单骑比武决胜负，驰斩其一勇士，使突厥军不敢再战而退。由是授上仪同，领车骑将军。九年，参加隋灭陈之战有功，加上开府。

史万岁

十年，随内史令杨素平江南之乱，以行军总管率 2000 人自东阳（今浙江金华）别道进击，逾岭越海，攻破无数溪洞，前后经 700 余战，转战千余里。乱平后，任左领军将军。十七年，率军攻讨叛隋的南宁州（治今云南曲靖西）首领爨翫，自蜻蛉川（今云南大姚、姚安境）入，击破其屯据要害，然后渡西洱河（今洱海），入渠滥川（今下关东），行千余里，破 30 余部，俘 2 万余人，迫使爨翫归降。随后进位柱国。因接受爨翫贿赂，次年，被革职为民，一年余复官爵。二十年，率军至大斤山（今内蒙古大青山）击突厥达头可汗。达头闻来将为史万岁，惧而退走。史万岁驰追百余里，斩杀数千人，入碛数百里而还。每行军作战，身先士卒，善抚部下，将士乐为效力。因其南征北战，屡建战功，遭杨素嫉妒诬陷，被隋文帝冤杀。

李靖

唐初名将，军事家。字药师。京兆三原（今陕西三原北）人。

隋末，任马邑（今山西朔州）郡丞，曾谋告发太原留守李渊有反隋意图。李渊入长安，将行诛杀，世民力救得释，召为幕府。武德四年（621），从赵郡王李孝恭平定割据江陵的萧铣，以功进上柱国，检校荆州刺史。后受命安抚岭南，授岭南道安抚大使，检校桂州都督。

七年，以副元帅佐李孝恭平定辅公祏起义后，唐设行台于蒋州（今江苏南京），以李靖为行台兵部尚书，后行台废，改检校扬州大都督府长史。八年，东突厥入侵太原，李靖为

行军总管，率江淮兵北上备御，诸将失利，他一军独全。突厥退后，唐以靖检校安州（今湖北安陆）大都督。

太宗即位，李靖历任刑部、兵部尚书，检校中书令。贞观三年（629），为代州道行军总管，与李勣分道出击东突厥，颉利可汗被擒，东突厥亡，其部众和所属铁勒诸部都归附唐朝，北方安定。李靖以功进封代国公，任尚书右仆射。

八年，吐谷浑入侵。李靖不顾年高请行。太宗大喜，命为西海道大总管西征。次年，深入敌境，平定吐谷浑。还朝后，他长期养病家居，不见宾客。十一年，改封卫国公。二十三年卒。

李靖用兵善于料敌，临机果断，与李勣同为唐代名将，后人论将才，必称"英（即英国公李勣）、卫"。著有《六军镜》三卷，已佚。《通典》所录《李卫公兵法》疑即其书。

李勣

唐初名将。本姓徐，名世勣，字懋公。入唐，赐姓李；后避唐太宗讳，单名勣。曹州离狐（今山东郓城西南）人，徙居东郡卫南（今河南滑县东）。

父盖，家豪富。世勣17岁时从翟让起义于瓦岗寨。武德元年（618）随李密降唐，封曹国公，从秦王李世民削平关东群雄。李世民即位后，任并州总管。贞观三年（629），与李靖分道击突厥，在白道（今内蒙古呼和浩特西北）大破突厥，与李靖会师击溃东突厥颉利可汗之众。授并州大都督府长史，在并州前后镇守16年。十一年，封英国公。十五年，为朔方道行军总管，率精骑击败南侵的薛延陀于青山（今内蒙古呼和浩特北大青山）。十七

李勣

年，以特进、太子詹事同中书门下三品。十八年，为辽东道大总管，从唐太宗征辽东。二十年，在乌德鞬山（蒙古国杭爱山）大败薛延陀。二十三年，太宗病危，贬他为叠州都督，嘱太子即位后委以重任，以获得他对嗣君的忠诚。他奉诏即行，竟不还家。高宗即位后，立即命为同中书门下参掌机务，后短期担任尚书左仆射。

李勣善于用兵，史称他"临敌应变，动合时机"。与人议事，凡有可取者，立即采纳；战胜则归功部下。因此部下乐于效力，所向克捷。

薛仁贵

唐朝名将。名礼。绛州龙门（今山西河津）人。

农民出身，骁勇，善骑射。贞观末应募从军，在唐太宗攻高丽之战中，唐军于安市城（今辽宁海城东南营城子）与高丽 15 万援兵大战，仁贵身穿白衣，持戟悬弓，大呼先入，

薛仁贵

所向披靡。太宗嘉其勇，召拜游击将军，旋迁右领军中郎将。显庆二年（657），在苏定方攻西突厥时，向唐高宗建议用分化瓦解之策，加速阿史那贺鲁部溃败。三年，随营州都督程名振再征辽东，拔赤烽镇，大破高丽大将豆方娄军。四年，又与梁建方、契苾何力破高丽将温沙门于横山（今辽阳华表山）。五年，与辛文陵破契丹于黑山（今内蒙古巴林右旗北罕山），擒其王阿卜固。以功升左武卫将军，封河东县男。龙朔二年（662），随左武卫大将军郑仁泰率军击铁勒于天山，铁勒九姓聚众十余万拒之，选骁骑数十挑战，仁贵发三箭，射杀三人，余皆下马请降。铁勒军溃逃，仁贵率部追击，俘叶护兄弟三人而还。军中有歌："将军三箭定天山，壮士长歌入汉关。"九姓自此衰弱。在唐攻灭百济、高丽之战中，随辽东道行军大总管李勣攻高丽，于乾封二年（667）败高丽军于新城（今辽宁抚顺北）、金山（今昌图西），连拔三城。总章元年（668），率兵3000攻克扶余城（今吉林四平西），杀获万余人，扶余川中40余城皆望风请降。后与李勣大军会师围攻平壤，高丽降。仁贵奉命率兵2万留守平壤，授右威卫大将军，封平阳郡公，兼检校安东都护。咸亨元年（670），任逻娑道行军大总管，率军击吐蕃。初战获胜，进屯乌海（今青海苦海）。但因副大总管郭待封违背节度，遭吐蕃军截击，军粮辎重尽失，仁贵不得已撤回大非川（今青海共和西南），又遭40余万吐蕃军攻击，唐军死伤殆尽，被迫约和而还，免官为民。不久，高丽复叛，起用为鸡林道总管。上元中，又因事获罪贬象州（治所在今广西象州东北），遇赦还乡。开耀元年（681），唐高宗思其功，起授瓜州长史，旋拜右领军卫将军，检校代州都督。永淳元年（682），率兵击突厥阿史那元珍于云州（治所在今山西大同），突厥兵闻薛仁贵复起为将，素惮其名，遂不战而退，唐军趁势奋击，大破之，斩万余人，获2万余口。

裴行俭

唐代高宗时名臣。字守约。绛州闻喜（今属山西）人。

父裴仁基，隋光禄大夫。行俭贞观中举明经，显庆初为长安令。因私下议论高宗废王皇后，立武昭仪，贬为西州都

裴行俭

督府长史。麟德二年（665）拜安西大都护，西域诸部多慕义归附。总章中，迁司列少常伯（吏部侍郎），与李敬玄同掌选事十余年，甚有能名，时称"裴、李"。当时承平日久，候选为官的人剧增。行俭创立长名榜、诠注等法，使选官有例可循，为后来所承用。行俭少时从大将军苏定方学习兵法，善于料敌决胜，又受到士兵爱戴，故战多取胜。调露元年（679）西突厥十姓可汗阿史那匐延都支与李遮匐反叛，侵逼安西（今新疆库车）。时行俭受命册送波斯王子泥涅师归国，途经西州时，募得万骑，用计谋俘获都支。将吏于碎叶城为他立碑纪功。高宗以他"文武兼资"，特授礼部尚书，兼检校右卫大将军。同年，东突厥阿史德温傅、阿史那伏念反叛，行俭以定襄道行军大总管统兵30万出击。开耀元年（681），以反间计逼伏念执温傅来降。行俭善于识拔人才，军中提拔的将领如程务挺、王方翼、郭待封、黑齿常之等，都成为一代名将。行俭工于草书，著有文集20卷，《选谱》10卷。又撰《草字杂体》等，今佚。

郭子仪

❦

中国唐代名将。华州郑县（今陕西华县）人。

开元中武举登第，天宝十三载（754）任天德军（今内蒙古五原东）使，兼九原太守、朔方节度兵马使。十四载十一月安禄山反，唐以子仪为朔方节度使，领兵东讨。次年，他与朔方军将领李光弼在常山（今河北正定）会师，击败叛将史思明，收复河北十余郡。正拟进攻范阳（今北京），恰值潼关（今陕西潼关东北）失守，唐玄宗奔蜀，形势急剧变化。十五载，太子李亨即位灵武（今宁夏灵武南），是为肃宗。子仪、光弼奉命还军朔方（今宁夏灵武西北）。时朔方军成为唐朝恢

郭子仪

复两京的支柱。同年冬，子仪与回纥（即回鹘）联军平定河曲（今内蒙古河套地区），巩固了后方；次年春又收复河东。至德二载（757）九十月间，子仪以天下兵马副元帅随元帅广平王李俶（后为唐代宗）率领本统军队和回纥等联军击败叛军，相继收复两京，安庆绪北退至相州。

乾元元年（758），子仪等九节度使围攻相州。次年，唐军败溃。子仪退守东京洛阳，不久被召还长安。代宗听信宦官鱼朝恩的谮毁，命李光弼代为副元帅、朔方节度使，解除子仪兵柄，只保留其司徒、同中书门下平章事诸衔。自乾元二年六月至宝应元年七月（759～762）三年间，几次起用子仪并进封为汾阳郡王，官爵显赫。但朝廷不愿子仪久掌兵权，所以授职后或不让他到任，或事定即召还朝，使之常处于闲散地位。

自安史之乱后，吐蕃攻占河陇。广德元年（763）十月，吐蕃一度进入长安，代宗出奔陕州（今河南三门峡西）。在此期间，子仪被起用为关内、河东副元帅，在收复长安、备御吐蕃中起了积极作用。永泰元年（765）十月，吐蕃、回纥联兵内侵，长安震动。子仪领兵御之，在泾阳（今属陕西）被回纥所围。子仪凭着他在回纥军中的威信，只带数十骑到前线对话，说服回纥军反戈击吐蕃。长安的紧张局势得以缓和。

大历年间（766～779），吐蕃仍连年内侵，子仪以副元帅久驻河中（今山西永济西）、邠州，承担备御任务。大历十四年（779）五月唐德宗李适继位，召子仪还朝，充当山陵使，主管代宗安葬事宜，赐号尚父，进位太尉、中书令，免去副元帅及所兼节度使等职。建中二年（781）六月去世。

李光弼

唐代名将。营州柳城（今辽宁朝阳）人。

父李楷洛，于武则天时附唐。光弼少善骑射，历任朔方（今宁夏吴忠北）、河西（今甘肃武威）将校。

天宝十四载（755），安禄山反，次年，光弼被子仪荐为河东（今山西太原西南）节度使，又加河北采访使，会合郭子仪军大破禄山将史思明，河北十余郡复归唐。光弼欲攻安史巢穴范阳（今北京），值潼关

李光弼

（今陕西潼关东北）失守，长安陷落，乃返军据守太原（今山西太原西南）。肃宗至德二载（757），史思明、蔡希德以十余万众围攻太原。太原只有河东兵约万人，光弼鼓励士卒，多方备御。史思明留蔡希德继续攻城，光弼趁其懈怠，出兵反击，大败叛军。乾元元年（758），子仪、光弼等九节度使联兵围安庆绪于相州（今河南安阳）。唐诸军临阵因突起大风惊散迸溃，唯光弼军不散。代宗命光弼代子仪为朔方节度使、兵马副元帅，入洛阳。时史思明已杀安庆绪，称大燕皇帝，遣军攻河南诸州。光弼以洛阳城大难守，遂撤出官吏百姓，弃空城，率全军扼守河阳三城（今河南孟州南）。次年，光弼大败思明于河阳，乘胜收复怀州（今河南沁阳）。上元二年（761），宦官鱼朝恩、大将仆固怀恩奏称叛军不难扫除，肃宗乃促光弼速攻洛阳，光弼被迫进军，战于北邙（今河南洛阳北），唐军大败，河阳、怀州均陷。光弼退守闻喜（今山西闻喜东北）。入朝，肃宗不加罪责，命其以太尉充河南副元帅，都统河南等五道行营节度使，镇临淮（今江苏盱眙西北）。此时，史思明已被其子史朝义所杀，朝义遣军南侵申（今河南信阳）、光（今河南潢川）等13州，自领精骑围宋州（今河南商丘南）。光弼移镇徐州（今属江苏），击败叛军。宝应元年（762），进封临淮郡王。当时浙东袁晁起义，光弼遣军镇压。

唐代宗李豫即位后，信任宦官程元振、鱼朝恩，两人皆与光弼不协，力图中伤。光弼自镇临淮，二三年间不敢入朝。他历来治军严肃，发布命令时，诸将不敢仰视。至是，朝廷屡次征召，他皆迁延不至，诸将因此不听指挥，光弼羞愧成疾，广德二年（764）卒于徐州。

第四章

宋辽金元

曹彬

北宋将领。字国华。真定灵寿（今属河北）人。

曹彬

出身武将之家，五代后汉时，为成德军牙将。后周时，由于是周太祖外甥，颇受信用，为晋州兵马都监，累官引进使。入宋后，改左神武将军，又兼枢密承旨。太祖时，历任宣徽南院使、义成军节度使、枢密使、忠武军节度使。太宗时，加同平章事，兼侍中。太平兴国八年

（983），罢为天平军节度使，后为侍中、武宁军节度使，徙平卢军节度使。真宗即位，复检校太师、同平章事，召拜枢密使。卒赠中书令，追封洛阳郡王，谥武惠，与开国名相赵普同配享太祖庙庭。南宋乾道六年（1170），从祀武成王庙。

入宋后，曹彬主要参加了四次大战：一是乾德二年（964）为都监，随刘光义出征后蜀；二是在开宝七年（974）为都部署，率军讨平江南；三是在太祖时期多次率兵讨伐北汉；四是在雍熙三年（986）宋军三路攻辽时，为主力东路主帅。讨平江南，是曹彬一生的得意之战，因其约束部下不杀掠，而享盛誉。雍熙北征，则充分反映出曹彬的疏于韬略，指挥无方。他谨小慎微、奉公守法，虽被推崇为宋代第一良将，但其实难副。

杨延昭

北宋名将。本名杨延朗，人称杨六郎。麟州新秦（今陕西神木）人。

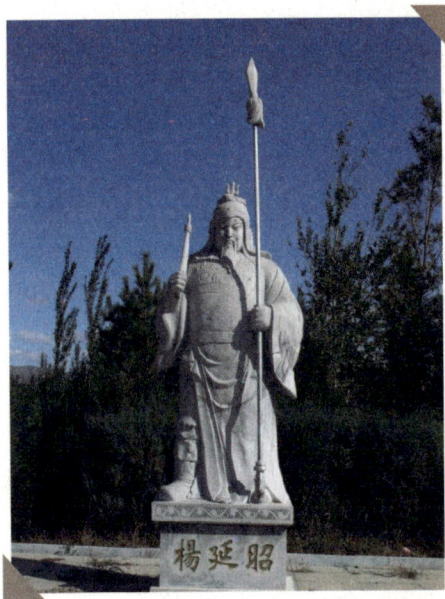

杨延昭

初投北汉军。太平兴国四年（979），宋灭北汉后归宋，补供奉官，从父杨业守代州（今山西代县）。雍熙三年（986）宋攻契丹时，为杨业部先锋，出雁门关（今代县西北），战于朔州（今属山西）城下。旋知景州，后徙保州缘边都巡检使。

咸平二年（999），率军民坚守遂城（今河北徐水西北），抗击契丹军进攻。时逢天寒，令众汲水泼洒城墙，顿时结冰，滑不可攀，契丹军屡攻不克，乃退兵。其城被誉为"铁遂城"。以功升莫州刺史。景德元年（1004），契丹军大举南下进逼澶州（今河南濮阳县）。上书真宗，建议趁契丹军深入，人马疲惫，扼其要路歼之。未得回示，乃率部进抵契丹境，俘获甚众。次年，任高阳关副都部署。守边关20余年，智勇善战，号令严明，同士卒共甘苦，深受部属爱戴。大中祥符七年（1014）卒。

宗泽

中国北宋末、南宋初抗金名臣。字汝霖。婺州义乌（今属浙江）人。

宋哲宗元祐六年（1091）赐同进士出身。从元祐八年起，历任县令、通判等地方官。靖康元年（1126）八月，金兵再次南侵，出知磁州（今河北磁县），并任河北义兵都总管，在磁州击退金兵，声震河朔。其时，宋钦宗赵桓为求得金兵再次后撤，派康王赵构出使金营。当赵构一行到达磁州时，宗泽劝阻赵构使金，得留相州。金兵再围开封后，宋钦宗任命宗泽为河北兵马副元帅，协同兵马大元帅赵构等人救援京城。宗泽力主向开封进军，并不顾赵构、汪伯彦等人的

宗泽

阻挠，率兵奋战，多次挫败金兵。

金人掳宋徽宗、宋钦宗北去，宗泽上表劝赵构为帝。南宋政权建立，宗泽知襄阳府（今属湖北）。由于李纲的推荐，于建炎元年（1127）六月任知开封府，后又升任东京留守兼开封府尹。

宗泽在开封修建防御设施，加强治安，整顿秩序，同时联络北方抗金义军。各地农民义军，还有若干支溃兵游勇，在金军南侵的情况下，也都先后归附宗泽，共同抗金。因此，宗泽在很短时间内，就把开封这个经过金兵洗劫、残破不堪的城市整顿成抗金前线的坚强堡垒，并率兵击退金完颜宗翰等发动的猛烈进攻。为了收复河东、河北失地，宗泽在巩固开封防务的同时，还积极作渡河准备。他强烈建议还都开封，宋高宗（赵构）等不仅不接受，反而一再破坏其抗金部署，令宗泽忧愤不已。建炎二年，终于忧愤成疾，疽发于背。诸将入问疾，他勉励诸将："汝等能歼敌，则我死无恨。"诸将出，宗泽悲愤地吟诵杜诗名句："出师未捷身先死，长使英雄泪满襟！"连呼三声"过河"，与世长辞。谥忠简，有《宗忠简公集》传世。

宗泽曾识拔岳飞，并加以重用，对岳飞后来成为抗金名将起了很大作用。

岳飞

南宋名将，军事家。字鹏举。相州汤阴（今属河南）人。
卒于临安（今浙江杭州）。

少时习武，喜读兵书、《左传》。北宋末年，曾从军抗辽。
靖康元年（1126），复投军于赵构大元帅府抗金，因作战勇
敢升秉义郎。后隶属副元
帅宗泽，在黄河南北屡败
金军。二年，北宋亡，赵
构于南京应天府（今河南
商丘西南）即帝位。岳飞
上书反对宋室南迁，力请
高宗赵构北渡亲征，恢复
中原，被革职。转投河北
招抚使张所，任中军统领，

《中兴四将》图卷中的岳飞像（图右）

随都统制王彦北渡黄河，在太行山一带抗击金军。建炎三年（1129），随军南撤建康（今南京），隶属江淮宣抚使杜充，任右军统制。随都统制陈淬在马家渡（今安徽马鞍山东北）阻遏金将完颜宗弼军渡江。因诸军皆溃，孤军难敌，力战后退屯蒋山（今南京紫金山），整饬所部，招收散兵游勇，自成一军，转战广德（今属安徽）、宜兴（今属江苏）等地，多次获胜。次年春，率军于常州（今属江苏）截击完颜宗弼军渡江北归，先后于清水亭、牛头山（均在今江苏南京江宁区西南）、靖安镇（今南京西南）击败金军，收复建康，升通、泰镇抚使，驻屯泰州（今属江苏）。继奉命进援楚州（今江苏淮安楚州区），在承州（今高邮）等地与金军鏖战，因众寡悬殊，被迫弃泰州退守江南。

绍兴元年（1131），隶属江淮招讨使张俊，率部转战于江南西路和淮南西路，击破盗匪李成军，招降张用，迁神武右军副统制。二年，击破盗匪曹成军，屯戍江州（今江西九江）。三年，镇压吉、虔（今吉安、赣州）二州农民起义军。伪齐军攻占襄阳（今属湖北襄樊）、邓州（今属河南）后，他建策收复襄阳等六郡，进图中原，被宋廷采纳。四年，任黄州、复州、汉阳军、德安府制置使，率军自江州溯江西进，克复汉水重镇郢州（今湖北钟祥），遂分兵北进，连克随州（今属湖北）、襄阳、邓州，大败金与伪齐军，并趁势收复唐州、信阳军（今河南唐河、信阳），从而控制长江中游广大地区，打开与川、陕通路，以功授清远军节度使。此后，营田积粮，训练军伍，积极为收复中原做准备。同年冬，出兵救援庐州（今合肥），击败金与伪齐军。五年，授镇宁、崇信军节度使，神武后军都统制，奉命镇压洞庭湖地区杨么起义军。六年，任湖北、京西路宣抚副使，一反宋军秋季防御常法，举兵奇袭伪齐军。以部分兵力东向蔡州（今河南汝南），诱敌来攻，主力自襄阳出击伊阳（今嵩县），一举收复今豫西、陕南大片失地。同年冬，再次击败金与伪齐军，兵临蔡州。

七年，升湖北、京西路宣抚使，力陈乘伪齐主刘豫被废，金军无备，增兵北伐，图取中原之策。后多次上书反对与金和议，重申收复两河壮志，均遭高宗与权相秦桧拒绝。十年，

汤阴岳飞庙

率军迎战大举南进之完颜宗弼军。按照以襄阳为基地、联结河朔、收复中原方略，遣将联络北方义军袭扰金军后方；以部分兵力迂回侧击东京一带金军；自率主力从正面反击，直趋中原。在民众配合下，仅月余，相继收复西京（今洛阳）及陈（今淮阳）、蔡间诸要地，形成东西并进，威逼东京金军之势。旋于郾城之战中，充分利用所部士气旺盛、训练有素等有利条件，大败金军精骑。继在颍昌之战中，再次击败完颜宗弼军的反击。正当岳飞行将挥师渡河时，高宗、秦桧向金乞和，诏令各路宋军班师，致使其恢复中原计划功败垂成。

十一年，率军进援淮西。后被召回临安（今杭州），罢宣抚使，改授枢密副使，解除兵权，为秦桧及其党羽诬陷入狱。十二月二十九日，以"莫须有"罪名被杀害。孝宗时追谥"武穆"，宁宗时追封鄂王。

岳飞精韬略，善运筹，博采众谋，团结民众，用兵善谋机变，不拘常法，强调运用之妙，存乎一心。严于治军，重视选将，信赏明罚，爱护士卒。其军以"冻死不拆屋，饿死不掳掠"（《宋史·岳飞传》）著称。常能以少胜众。金军叹称："撼山易，撼岳家军难！"

张世杰

南宋末抗元名将。范阳（今河北涿州）人。

少时在蒙古将张柔部下当兵，后投奔南宋。宋将吕文德用为小校，逐渐升至黄州武定诸军都统制。景定元年（1260）与高达等援鄂州有功。咸淳四年（1268）为两淮都统，受命将五千人守鄂州，抵御元兵，竭力守卫。五年，为京湖都统，率马步、舟师援襄樊，与元兵战于赤滩圃。六年，领兵江防。九年襄樊为元兵攻陷。十年，守郢州（今湖北钟祥），击退攻城元兵。德祐元年（1275），宋恭帝即位，应诏自江西入卫临安，并发兵收复浙西诸部，兵势颇振。旋率诸军与元兵会战镇江焦山，失利。此后，相

张世杰

继为沿江制置副使，兼知江阴军；浙西制置副使，兼知平江府。十二月，以元兵迫近，入卫临安。次年正月，元兵迫临安，请背城决战，被丞相陈宜中所阻，乃提兵入定海。五月，与陈宜中等在福州立赵昰为帝，改元景炎。被任为枢密副使。次年，元兵来攻，奉赵昰入海，转战闽、粤沿海。景炎三年（1278），赵昰死，又与陆秀夫等立卫王赵昺，改元祥兴，迁居崖山（今广东江门新会区南海中）。次年，与元张弘范决战海上，大败。率十余舰突围，退至螺岛（今广东阳江以南海中），因台风毁船溺死。

耶律大石

西辽的创建者。字重德。契丹人。辽太祖耶律亿八世孙。通契丹文、汉文，善骑射。辽天祚帝耶律延禧初年，曾为翰林承旨，契丹语翰林称"林牙"，故亦名"大石林牙"。历任剌史、节度使。女真族阿骨打起兵灭辽，天祚帝于保大二年（1122）自鸳鸯泺败走夹山（今内蒙古土默特左旗东北大青山）。宗室耶律淳留守南京析津府（今北京），耶律大石与宰相李处温等在南京拥立耶律淳为帝，号天锡皇帝。耶律淳称帝三个月病死，妻萧德妃权主朝政。不久，金兵攻陷南京，萧德妃西奔天德军（今内蒙古乌拉特前旗东北）谒天祚帝，被杀。耶律大石在居庸关抗金之役中为金军俘获，保大三年九月逃依天祚帝。天祚帝赦其擅立之罪，耶律大石心不自安。保大四年七月，天祚帝自夹山率师东伐，谋为恢复。耶律大石谏阻，不从，乃自立为王，率二百骑遁走，过黑水（今内蒙古达尔罕茂明安联合旗艾不盖河），得到白达达部（汪古部）首领的资助，驰至辽西北重镇镇州（今蒙古鄂尔浑河上游，哈达桑东北古回鹘城）。这一带本是漠北辽朝治下广大游牧部落之地，未受金兵侵扰。他便在可敦城召集边境内威武等七州和大黄室韦、乌古、敌烈、达密里、阻卜、密儿纪等18部部众，组成新军，"有战马万匹"，设官置吏，建立了新政权，策划复兴辽朝。并向西北发展，在叶密里河（今额敏河）边建筑了一个城堡。许多突厥人前来归顺，势力逐渐增至四万户。1130年，他再向西发展，行前致书给西州回鹘王毕勒哥，说要假道西行，毕勒哥馈送他出境。

据史家记载，耶律大石分两路西进。一路拟攻喀什噶尔，但受到挫折。主力向西经伊犁入哈剌汗所辖八剌沙衮境。时哈剌汗孱弱，属下割录部和康里部叛乱，于是便向耶律大石纳土称臣。耶律大石乘机夺取了王位，自称天祐皇帝，改元延庆，同时采用突厥称号曰"古儿汗"（众汗之汗），这就是中国史上所称"西辽"。康国元年（1134），西辽德宗以八剌沙衮为都城（别称虎思斡鲁朵，意为强有力的宫帐），傍楚河。哈剌汗所辖地区，原有很多屯田的契丹人居住，这使西辽德宗得以顺利地拓地立国。

西辽德宗讨平康里部的反乱，北向击败了辖戛斯。康国元年，复遣大军东征金朝，至喀什噶尔、和阗后，沿途牛马多死，被迫还师。四年五月，开始攻寻思干算端马哈木汗，败之于忽毡。马哈木汗退到寻思干后，重整武备，并求援于其舅父忽儿珊的塞尔柱算端桑伽儿（另说是割录部要求桑伽儿北上河中）。康国八年，桑伽儿渡过阿姆河，"举兵十万"来攻，西辽德宗率契丹、突厥、汉军迎战于寻思干迤北之喀忒汪。桑伽儿大败。溃退到梯尔哈木山谷，全军覆没，遗尸数十里，桑伽儿与马哈木汗仅以身免。西辽德宗乘胜北攻不哈剌，并命其将军萧查剌阿不攻花剌子模，花剌子模沙阿即思也降服作了西辽的藩属，允贡大量金币、畜产。至此，西辽的疆域已相当辽阔：东起哈密，西至咸海，北达叶尼塞河上游，南抵阿姆河，一时成为中亚一强大帝国。

康国十年，西辽德宗病逝。西辽至1218年为成吉思汗的蒙古军所灭，辽朝在中亚又延续了94年。

完颜阿骨打

金朝开国皇帝。汉名旻。女真名完颜阿骨打。按出虎水（今黑龙江哈尔滨东南阿什河）女真完颜部人。

天庆三年（1113）任女真各部联盟长，称都勃极烈。四年，起兵反辽。攻占混同江东的宁江州（今吉林扶余东南小城子）；又于出河店（今黑龙江肇源西南）大败辽军。乘胜破宾州（今吉林农安东北）、祥州（今吉林农安东北）、咸州（今辽宁开原老城镇）等地。五年正月，建国号金，年号"收国"，都会宁府（今黑龙江阿城南白城子）。九月，统率金兵攻

阿城金太祖完颜阿骨打陵墓

89

克辽北重镇黄龙府（今吉林农安）。十二月，于护步答冈（今黑龙江五常以西）破辽天祚帝耶律延禧亲征大军。次年，夺取辽东半岛以东地区。遂加号大圣皇帝，改年号为天辅。天辅三年（1119），颁行女真文字。四年，再次率军攻辽。三年间，占领辽上京、中京、西京等地，辽天祚帝西逃夹山（今内蒙古土默特左旗东北大青山）。完颜旻亲自统军占领辽南京析津府（燕京，今北京），派兵追击天祚帝。七年八月，领兵返回上京。途中病逝。在位期间，建立勃极烈（相）辅政制及"以三百户为谋克，十谋克为猛安"的军事行政组织。

成吉思汗

古代蒙古开国君主，军事统帅。名铁木真，姓孛儿只斤，乞颜氏。元朝追上庙号太祖。

成吉思汗生于蒙古贵族世家。五世、四世叔祖曾为辽属部官令稳、详稳，曾祖葛不律汗及其弟咸补海汗、伯祖父忽都剌汗都做过蒙古部主。父也速该，有拔阿秃儿（勇士）称号，是一个有实力的贵族。当时，蒙古高原部落林立，塔塔儿人、蒙古人、克烈人、乃蛮人、蔑里乞人、斡亦剌人部落之间互相攻打，争战不休。这些部落都曾对辽金

元太祖成吉思汗

两朝有臣属、纳贡的关系，但又时服时叛。金王朝利用归顺的部落征伐叛离者，使蒙古高原部落战争局势复杂化。战争愈益频繁，规模愈益扩大，部落结构常被打破，形成跨部落的军事联盟，出现大规模联合的客观趋势。1162 年，受金朝支持的塔塔儿人部落与蒙古人部落发生激战，也速该俘获塔塔儿首领铁木真，正值成吉思汗出生，便用俘虏的名字为婴儿命名，以纪念胜利。

约在 1170 年，也速该被塔塔儿人毒死，所领部众纷纷离去，也速该的遗孀月伦领着铁木真和他的几个弟弟度过数年艰难生活。铁木真曾被咸补海汗后裔泰赤乌贵族掳去囚禁，逃回后投靠和臣属于蒙古高原最强大的克烈部部主脱里汗。不久，铁木真的妻子孛儿台又被蔑里乞人掳去，他求脱里汗约其附庸札答阑部主札木合共同出兵，打败了蔑里乞人，夺回妻子。少年时期的艰险经历，培养了铁木真坚毅勇敢的素质。

忽都剌汗死后，蒙古部众大都在札木合控制之下，铁木真投靠札木合，随他游牧。在这过程中，铁木真笼络人心，招徕人马，最后脱离札木合，建立自己的"斡耳朵"。

约在12世纪80年代，铁木真称汗。札木合率领札答阑、泰赤乌等十三部来攻，铁木真兵分十三翼迎战，因实力不敌而败退，史称十三翼之战。

1196年，金兵征塔塔儿部，铁木真和克烈部脱里汗出兵帮助金朝，于斡里札河（今蒙古东方省乌勒吉河）打败塔塔儿人。金右丞相完颜襄授铁木真以察兀忽鲁（部长）官职，封脱里汗为王（脱里从此称王汗，语讹为汪罕）。不久，克烈部发生内乱，王汗弟引乃蛮人攻打王汗。王汗逃奔西辽，又经畏兀儿、西夏返回蒙古高原。由于铁木真的援助，王汗很快恢复了统治。

铁木真与王汗联兵攻打古出古·乃蛮部，回师途中又与乃蛮本部相遇。王汗见敌势盛，不告而退，把铁木真留在乃蛮兵锋之下。铁木真发觉后，迅速撤兵，回到自己牧地撒里川（在今蒙古克鲁伦河上游之西），反而把王汗暴露在敌前。王汗大败。因为有许多蒙古部众在王汗处，铁木真怕他们被乃蛮吞并，对自己不利，便派称为四杰的博尔术、木华黎、博尔忽、赤老温领兵援救王汗，击退乃蛮。铁木真在部落争战中善于利用矛盾，纵横捭阖，逐渐摆脱了对王汗的臣属地位。

针对铁木真和王汗，蒙古高原形成了塔塔儿、乃蛮、斡亦剌、泰赤乌、札答阑、合答斤、散只兀等大小十余部的联盟，在犍河（今内蒙古额尔古纳河支流根河）共推札木合为局儿汗（全体之君）。1201～1202年，铁木真和王汗联兵，与札木合联盟先后大战于海剌儿河（今内蒙古海拉尔河）流域和金界壕沿边的阙奕坛等地，获胜，札木合投降王汗。1202年，铁木真消灭了四部塔塔儿，占领了呼伦贝尔高原，实力猛增。

王汗见铁木真不断壮大，危及自己在蒙古高原的霸主地位，便在1203年对铁木真发起突然袭击，铁木真败退到哈勒哈河以北。不久，铁木真乘王汗不备，奇袭王汗牙帐，克烈部亡。同年，为金朝看守界壕的汪古部也归附铁木真。1204年，铁木真与乃蛮人决战，消灭了乃蛮太阳汗的"斡联"，成为蒙古高原最大的统治者。

1206年，铁木真在斡难河（今蒙古鄂嫩河）源召开忽里

成吉思汗庙

台大会，树九游白旗，即大汗位，号成吉思汗。古代蒙古国初期，成吉思汗把蒙古牧民划分和固定在 95 个千户中。千户下设百户、十户。千户那颜都是成吉思汗的封臣，各千户内的牧民不能任意离开千户组织，对那颜有人身隶属关系。成吉思汗把一部分千户作为领民分给诸弟诸子，形成左右手诸王。又以木华黎、博尔术为左右万户那颜，即两个最大的军事长官。把原来只有 150 人的怯薛扩充到 1 万人，征调千户那颜、百户长、十户长的子弟充当怯薛，以此控制全国。设札鲁忽赤掌管户籍、词讼等行政、司法事务。成吉思汗的汗廷是由传统的草原贵族"斡脱"发展起来的游牧军事统治机器。古代蒙古国建立后，大批原来的部落人口被分编在不同千户中，开始形成共同的蒙古民族，成吉思汗对此起了积极的历史作用。

邻近的吉利吉思、畏兀儿、哈剌鲁等部分别在 1207、1209、1211 年归附成吉思汗。勃兴的蒙古贵族渴望占有大量财富。西夏成为成吉思汗首先的目标。1205 年和 1207 年，成吉思汗攻入西夏，收获颇丰。1209 年又大举出征，引黄河水淹灌西夏都城中兴府（今宁夏银川）。西夏不得已，纳女请和。

成吉思汗即大汗位后，仍向金朝纳贡，曾亲至净州（在今内蒙古四子王旗城卜子村）贡岁币。卫绍王即金帝位，成吉思汗说："我谓中原皇帝是天上人做，此等庸懦亦为之耶！"最后断绝了与金朝的臣属关系。1211 年，率领大军南下攻金。当时金朝社会危机重重，政治腐朽，经济凋敝，财政拮据，阶级矛盾和民族矛盾激化，无力抵御。据守野狐岭的金军号称40万，但一触即溃。在浍河堡决战中，成吉思汗实行中央突破，全歼金军主力。1213年，缙山一战，金军精锐消耗殆尽。成吉思汗南出紫荆关，其大军分三路横扫华北平原。金朝无力抵抗，1214年向成吉思汗献岐国公主，并给以大批金银珠宝。成吉思汗退出居庸关北上。金宣宗随后从中都（今北京）逃迁南京（今河南开封）。1215年，成吉思汗的大军占领中都，在辽西消灭金朝守军，攻占北京（在今内蒙古宁城西）。华北、东北的地主武装纷纷投降，倒戈攻金。1217年，成吉思汗封木华黎为太师国王，专事攻金，自己准备西征。1218年，派大将哲别灭亡了被乃蛮太阳汗之子屈出律篡夺王位的西辽。于是，花剌子模算端统治下的中亚地区便与成吉思汗控制下的区域直接接壤。

1219年，成吉思汗率20万大军西征，向花剌子模发动了攻击。摩诃末算端统治的花剌子模是暂时的军事行政联合，有不同的部落，矛盾重重，政局不稳。算端同生母贴儿干哈敦，同伊斯兰教哈里发，都有尖锐矛盾。各地方军事首领各自行事，尾大不掉。战争开始，摩诃末算端失去抵抗信心，望风远逃，幻想成吉思汗的大军获取战果之后自行退去。花剌子模失去统一指挥，兵力分散，只有各个孤城的防御，没有大兵团的野战反击，使成吉思汗的大军从一开始就居于优势。成吉思汗几路进兵，分割包围了各战略重镇，各个击破，采取措施震慑敌人，解除自己后顾之忧。战场上的主动权全在成吉思汗一方。1219 年，围攻讹答剌城，次年攻克。1220 年，成吉思汗攻下不花剌、花剌子模新都城撒马尔罕等城，术赤、窝阔台、察合台率兵攻克花剌子模都城玉龙杰赤，拖雷一军进入呼罗珊地区。哲别、速不台奉成吉思汗之命穷追摩诃末算端，后者逃至里海孤岛病死。哲别、速不台率军继续西进，远抵克里木半岛。1221 年，拖雷占领呼罗珊全境。成吉思汗追击新算端札阑丁至印度河，不获而还。1222 年，在占领区置达鲁花赤监治。1223 年，还撒马尔罕驻冬，次年起程回归。

1226 年，成吉思汗出征西夏。次年西夏亡。1227 年夏历七月十二日，成吉思汗病逝，临终提出联宋灭金的战略。大皇后孛儿台生子四人：长子术赤，为钦察汗国诸汗之祖；次子察合台，为察合台汗国诸汗之祖；第三子窝阔台，蒙古第

成吉思汗陵

二代大汗（元太宗）；第四子拖雷，后人为元朝和伊利汗国皇室。忽兰皇后生一子阔列坚，后裔入元封河间王。

　　成吉思汗统一蒙古各部，在历史上起了进步作用。攻金灭夏，曲折地反映了当时中国各族交往日益密切的客观趋势，为元朝的建立奠定了基础。成吉思汗军事才能卓越，战略上重视联远攻近，力避树敌过多。用兵注重详探敌情、分割包围、远程奇袭、佯退诱敌、运动中歼敌等战法，史称"深沉有大略，用兵如神"。另一方面，作战具有从古代游牧部落战争带来的残酷的特点。13世纪主要封建国家社会危机深重，为成吉思汗实行大规模军事扩张提供了有利条件。

张弘范

元朝名将。字仲畴。涿州定兴（今属河北）人。蒙古军汉将张柔之子。

　　有谋略，善骑刺。20岁起辅助兄张弘略掌管顺天路（治今保定）事。蒙古中统元年（1260），任御用局总管。三年，改任行军总管。从宗王合必赤赴济南参加忽必烈平李璮之战，初显将才。至元元年（1264），任顺天路管民总管，后移驻大名（今河北大名东北）。六年，以益都、淄莱等路行军万户参与襄阳樊城之战，先戍鹿门堡以断宋粮道、援兵，又建策孤立襄、樊，领千余人守要地万山（襄樊西），严申号令，败宋援兵。九年，建策切断襄、樊两城联系，先破樊城，后取襄阳，各个击破，被征南都元帅阿术采纳。进攻樊城时带伤率精兵先登，协同诸将于次年初攻克樊城，因功受赏。十一年，领左部军从右丞相伯颜攻宋，循汉江而下，略郢州（今湖北钟祥）西，克武矶堡。继任前锋，巧渡长江，率步骑兵沿南岸东进，配合水师大败宋军于江州（今江西九江）、丁家洲（今安徽铜陵东北长江中）诸地。十二年春，从伯颜占领建康（今南京）。继随平章阿术进师瓜洲（今江苏扬州南），在扬子桥率13骑渡河破宋军阵营，诸军继后攻击，败宋将姜才部2万，孤立扬州，阻止宋军南援。七月，率水师参加焦山之战，与诸军密切配合，大败宋军，获战船700余艘，以功授亳州万户，赐号拔都（勇士）。后从参政董文炳率水军为左路沿江入海，次年与中路、右路会师临安（今杭州）城外，迫宋廷投降。十四年，升镇国上将军、江东道宣慰使。翌年，任蒙古军、汉军都元帅，率水、陆军2万，自扬州分道南下闽、粤，追击南宋余部。以佯动怠敌、乘虚攻击之法，先后拔三江寨（今浙江绍兴东北）、漳州等地，又遣兵于五坡岭（今广东海丰北）袭击宋军，俘宋右丞相文天祥。十六年春，偕都元帅李恒指挥厓山之战，断宋水道，两面夹击，配以火攻，全歼宋军余部。旋领军北还，次年病卒。

第五章

明清

李自成之墓

郭沫若

刘基

明初大臣、文学家。字伯温，浙江青田人。

　　元至顺间举进士，任高安丞，有廉直声。又任江浙儒学副提举。博通经史，尤精象纬之学，时人比之诸葛亮。

　　元至正年间，为江浙元帅府都事，又任行枢密院经历。因忤执政意弃官还乡。至正十九年（1359），朱元璋下处州，闻刘基及宋濂等名，

刘基

次年礼聘而至。他上书陈时务十八策，参与谋划平定张士诚、陈友谅与北伐中原等军事大计。吴元年（1367）为太史令，进《戊申大统历》。不久，拜御史中丞兼太史令。朱元璋即皇帝位后，他奏请设立军卫法，又请肃正纪纲，并谏止建都于凤阳。洪武三年（1370）授弘文馆学士。十一月大封功臣，授为资善大夫、上护军，封诚意伯，岁禄240石。刘基佐明太祖朱元璋平天下，太祖比之为张良，呼为"老先生"。四年，赐归。遂隐形韬迹，唯饮酒弈棋，口不言功。为左丞相胡惟庸所讦而夺禄。入京谢罪，留京不敢归，以忧愤疾作。八年，遣使护归，居一月而卒。有谓其死实为胡惟庸投药所致。正德八年（1513），加赠太师。

徐达

明朝开国功臣。字天德。濠州（今安徽凤阳东北）人。回族。卒于京师（今南京）。家世业农。

徐达

元至正十三年（1353）加入朱元璋部。十四年，从朱元璋南略定远，夺取滁、和二州。次年随朱元璋渡长江，拔采石，克太平（今安徽当涂）。十六年下集庆（今江苏南京）、镇江，授统军元帅。次年拔常州，进金枢密院事，寻迁奉国上将军、同知枢密院事，又进中书右丞。二十三年大败陈友谅于鄱阳湖。二十四年正月，朱元璋称吴王，进左相国。率军平湖湘。二十五年冬，又率军取淮东。同年八月，拜为大将军，与常遇春率军20万讨张士诚。吴元年（1367）九月，克平江（今江苏苏州），执张士诚，吴地平。论平吴功，晋封为信国公，右相国。十月，拜征虏大将军，率步骑25万北伐中原。元璋即帝位后，改右丞相，兼太子太傅。洪武元年（1368）八月克复元大都。十一月克太原、大同，山西平。

二年二月引兵西渡，定陕西。三年，总大兵自潼关出西道，出击北元之扩廓帖木儿军，大胜。朱元璋大封功臣，改封为魏国公，食禄5000石，并赐铁券。四年奉命往北平（今北京）练军马，修城池，置屯垦田。五年分兵北征沙漠，十四年，复率汤和等讨乃儿不花。太祖以其功大，特赐以旧邸，即朱元璋为吴王时所居宫室。又命有司于旧邸前治甲第，名其坊曰"大功"，为开国功臣第一。十七年病背疽，十八年二月卒。一说朱元璋在其病中赐蒸鹅，致其背疽发作而死。

于谦

明朝大臣、军事家。字廷益。钱塘（今浙江杭州）人。

永乐十九年（1421）进士。宣德初授御史，宣德三年（1428）巡按江西，严惩贪污，平反冤狱，有惠政。五年迁为兵部右侍郎，巡抚山西、河南。因得内阁学士杨荣、杨溥、杨士奇的支持，锐意兴革，在各州县设平准仓，调节粮价，赈济贫苦，又注意兴修水利，加固黄河堤岸，设亭长专司督修，深得民心。后迁兵部左侍郎。正统六年（1441）三月遭司礼监太监王振诬陷，一度下狱论死，获释后降为

于谦

大理寺少卿。后以山西、河南吏民千余人诣阙上书，并得周王、晋王的保举，复巡抚山西、河南。十三年被召入京，任兵部左侍郎。次年，瓦剌太师也先率军大举南下，攻掠宣府（今河北宣化）、大同等地，明英宗在王振挟持下亲征，在土木堡（今河北怀来东南）大败被俘，京师大震。时英宗弟郕王朱祁钰监国，于谦力斥徐珵（后更名有贞）等人南迁之议，主张坚守北京，被任为兵部尚书。九月，与吏部尚书王文等拥立朱祁钰为帝（即景帝），调集重兵，加强战备，十月，瓦剌军进至北京城下，于谦率北京军民，在城外击败瓦剌军，迫使也先撤退。以功加少保。景泰元年（1450）也先被迫将英宗释归。于谦以和议难恃，上安边三策，改革军制，首创团营建制，选拔精兵，分营集中团操，军势日盛。

于谦行事章奏，悉合机宜，号令明审，且爱国忘身，自奉俭约，中外威服。景泰八年正月，武清侯石亨、太监曹吉祥与左副都御史徐有贞等乘景泰帝病危，发动夺门之变，迎英宗复位。于谦遭诬陷以谋逆罪被杀，籍没时家无余资。弘治二年（1489）赠特进光禄大夫、柱国、太傅，谥肃愍，万历中改谥忠肃。著有《于忠肃集》13卷，系其被害约20年后汇集而成。

戚继光

　　明朝名将，民族英雄，军事家。字元敬，号南塘，晚号孟诸。祖籍河南卫辉，后迁定远（今属安徽），再迁山东登州（今蓬莱）。生于山东济宁鲁桥，卒于山东登州。

　　出身将门，自幼喜读兵书，勤奋习武，立志效国。17岁袭父职任登州卫指挥佥事。嘉靖二十五年（1546）分管屯田。二十七年起，连续五年率卫所士卒戍守蓟门（今北京昌平西北），春去秋归。二十八年十月，中武举。二十九年，赴京师（今北京）会试，时蒙古右翼土默特部首领俺答汗率军威逼都城，上陈守御方略，临时任总旗牌，督防京城九门。三十二年，实授都指挥佥事，领山东登州、文登、即墨3营24卫所兵马，操

戚继光

练水军，整顿军备，抗击入侵山东沿海的倭寇。他赋诗言志："封侯非我意，但愿海波平。"（《止止堂集》）

　　三十四年七月，调任浙江都指挥使司金事，司理屯田。次年，以足智干练升都司参将，镇守宁波、绍兴、台州三府。在龙山（今属宁波）、缙云、桐岭与倭寇三战三捷。乘胜追击逃倭遇伏，沉着应战，果断指挥，迫倭寇遁逃入海。实战中，察知明军作战能力较低，难以抗倭，多次上书请求训练新军。三十七年，在岑港（今属舟山）督军攻倭巢久攻不下，免职。次年三月，在浙江按察使司副使谭纶节制下，领兵救援台州。五月，歼灭入侵桃渚（今临海东）倭寇。九月，往义乌招募农民、矿工4000名（一说3000名），按年龄和身材配发兵器，编组训练。三十九年，针对明军兵器装备种类繁多、沿海地形多沮泽、倭寇小股分散的特点，创立攻防兼宜的"鸳鸯阵"，以12人为一队，长短兵器迭用，刺卫兼顾，因敌因地变换阵形，因此这支军队能屡败倭寇。利用作战训练间隙，撰成《纪效新书》，阐述选兵、编伍、操练、出征等理论和方法，并以此训练戚家军，使戚家军闻名于世。改任台州、金华、严州（今建德东）三府参将，整顿卫所武备，督造战船，严守海防。四十年，倭寇万余、船数百艘蜂拥浙东象山、宁海、桃渚诸地，戚继光确立"大创尽歼"的灭倭战策，集中水陆军先至宁海，而后依次剿除，九战皆捷，擒斩倭寇1400余，焚死、溺死倭寇4000余，史称"台州大捷"，浙江倭患基本解除。升都指挥使。又募义乌兵 3000，参加镇压进入江西的闽粤起义流民。

四十一年，福建倭患日趋严重，戚继光奉命率精兵 6000 入闽抗倭。至宁德，乘退潮率将士携稻草盖淤泥，涉海进攻横屿岛（今宁德东）倭巢，斩倭 2600 余。转兵福清，深夜攻占牛田（今福清东南），被倭寇称为"戚虎"。乘胜进至兴化府城莆田，偃旗息鼓，出敌不意，夺占林墩（莆田南），先后捣毁福建三大倭巢。班师浙江，升都督佥事，任副总兵，守卫闽、浙海防。四十二年，新倭日增，围兴化，据平海卫（莆田东南）为巢。戚继光第三次赴义乌募兵万人，奉命率中路军与右路福建总兵俞大猷和左路广东总兵刘显协力作战，攻克平海卫，斩倭 2200 余人，缴获器械 3900 余件，救出被掠男女 3000 余人。不久，升福建总兵，镇守福建及浙江温州、金华两府，督理水陆军务。同年冬，倭寇万余围仙游（今属福建），戚继光领兵仅 6000 人，遂行缓兵计，等待援兵，各个击破，解仙游之围。次年，乘胜追至同安县（今厦门同安区）王仓坪、漳浦县蔡坡岭，歼逃倭数千。四十四年，率水陆军至梅岭（在今诏安境），围剿勾结倭寇的海盗首领吴平，迫其逃至南澳岛（今闽粤交界海域）。旋与广东总兵俞大猷合攻南澳岛，俘斩吴平部 1200 余人，焚死、溺死逾 5000 人，毁船近百只，吴平遁逃（一说投海死）。奉命兼管广东潮州、惠州及驻江西的伸威营军务，担负保卫自浙江温州至广东惠州数千里的海防重任。与谭纶、俞大猷等抗倭名将浴血奋战十余年，基本荡平东南沿海倭患。

隆庆元年（1567）十二月，戚继光奉调京师训练士马。次年，以都督同知任神机营副将。建策用3年时间训练10万车步骑精锐边军，用战车拒敌、步兵应敌、骑兵逐敌之法，加强北边防卫。受命总理蓟州镇（治三屯营，今河北迁西县西北）、昌平镇、真保镇练兵事务，节制三镇总兵以下将士。后改任蓟州镇总兵。考察边关形势和敌我军情，将辖区1000多里防线分为12路，设东西协守，命诸将分统诸路。同年冬，率兵至青山口（今河北迁西东北），击败蒙古朵颜部首领董狐狸、长昂。三年，升右都督兼督蓟州、永平、山海关军务。次年，请设武学。于帅府止止堂向所部将校讲授韬略、将艺和治军练兵之道。五年前后，写成《练兵实纪》，主张练兵之要在先练将，强调将官必须进行德、才、识、艺修养。又倡办武庠（军校），从实践中锻炼、造就精通韬略的良将。六年，建辎重营3座，又创战车营6座，造战车1109辆，分置密云、建昌（今迁安东北）、遵化等地。同年冬，集车步骑军约10万人于长城边进行实兵对抗演习7天，又校阅多日，为古代练兵史上之壮举。隆庆三年至五年，率边军加固改造防区边墙，建骑墙空心敌台1489座，边备整饬一新。多次率兵出塞击败扰边的董狐狸，迫其叩关请罪。以守边功，进左都督。万历七年（1579），率兵出山海关，援助辽东总兵李成梁大败蒙古插汉部首领图们札萨克图汗，录功加太子少保。次年，创制自犯钢轮火，埋于边墙空心敌台下接近地，以杀伤敌军人马。在蓟州镇 16 年，加强边备，蓟门安然。十一年，受排挤，调镇广东。十三年，遭诬陷罢归登州。十五年十二月初八病卒，终年 60 岁。有《止止堂集》留世。

戚继光戎马一生，抗倭战功卓著。注重练兵，尤善育将，严明军纪，赏罚分明。抗倭作战中，创立攻守兼备的鸳鸯阵，灵活巧妙地打击倭寇。镇守蓟州，修城筑堡，分路设防，有力地抵御进犯的蒙古骑兵。所撰《纪效新书》《练兵实纪》为明代著名兵书，受到兵家重视。

袁崇焕

明末军事统帅。字元素。广西藤县人。

万历四十七年（1619）进士。授福建邵武知县。时明军在辽东与后金对峙，日趋被动。崇焕虽身为知县，却以天下为己任，以边才自许。天启二年（1622），入京朝觐，因御史侯恂之请，被破格擢为兵部职方司主事。不久，清太祖努尔

袁崇焕

哈赤夺占广宁，大臣廷议守山海关，以防御京师。危急之际，崇焕单骑巡阅山海关内外，还朝备陈关上形势和方略，请兵御守山海关。廷臣称其才，升为佥事，监督关外军。他力主坐镇宁远（今辽宁兴城），守关外以捍关内，深为大学士、蓟辽督师孙承宗之倚重。修筑关外重镇宁远城，进兵备副使，再进右参政。后高第继孙承宗任蓟辽督师，崇焕拒绝执行高第撤守关内的命令，刺血为书，激励将士，誓死守卫宁远孤城。大败后金10万围攻大军，炮伤努尔哈赤，赢得明朝对后金作战的第一次胜利（史称"宁远大捷"），一扫明军望敌而溃的暮气，收复辽西大片土地。朝廷擢其为右佥都御史、辽东巡抚。时魏忠贤遣其党羽刘应坤、纪用等出镇辽东，他抗疏进谏，不纳。七年，后金兵渡鸭绿江南下，他采取积极战略，遣将修缮锦州、中左、大凌三城，破后金主力，取得宁锦大捷。战后终因不附魏忠贤，被其党所劾去职。熹宗崩，崇祯即位，魏忠贤被诛。朝臣纷请召袁崇焕还朝。崇祯元年（1628）命为兵部尚书兼右副都御史，督师蓟、辽，兼督登、莱、天津军务。七月入都，帝召见平台。他慷慨陈词，计划以五年时间恢复辽东，并疏陈方略，依靠辽东人民保卫辽东土地，筑城屯田，坚壁清野，待机而进攻，对当时辽东军事形势做了全面的估计和筹划。到任后，即加强防守，收复失地，安抚流亡。杀皮岛（今朝鲜椵岛）守将毛文龙，整顿军制，以严明纪律。翌年，清太宗皇太极避开其防守地区，率军10万取道喜峰口入关。崇焕闻讯自辽东千里驰援，十一月抵达蓟州（今天津蓟州区），在后金攻占遵化、直抵北京城下的紧急关头，率军入卫京师，与后金兵鏖战于广渠门外，取得京师之捷。皇太极屡受重挫之后，乃设反间计，朝士诬其引敌胁和，将为城下之盟。崇祯性情多疑，听信谤言，崇焕竟被下狱，三年八月被冤杀。有《袁督师遗集》。

张献忠

明末农民起义领导者，字秉吾，号敬轩，延安卫柳树涧（今陕西定边东）人。

家贫，曾在延安府（今属陕西）充捕快手，继投边营。崇祯三年（1630）十月，农民军首领王嘉胤据府谷，破河曲。献忠率米脂18寨农民应之，自号八大王，人称"黄虎"，率所部转战于陕、豫、皖北。九年秋，自均州（今湖北丹江口）与马守应等攻襄阳（今湖北襄樊），又联合罗汝才、刘国能等人东下，与久据皖中英山、霍山的贺一龙、贺锦合营，转战至淮阳。十年春，转战太湖、蕲州（今湖北蕲春西南）、黄州（今湖北黄冈）、安庆等地，破和州（今安徽和县）、含山、定远，众至20万。同年秋，明军集中兵力，加强部署，进行反扑。起义军连遭失利，先走麻城，后西退至谷城。为保存实力，于十一年五月伪降于明总理六省军务兼兵部尚书熊文灿。

　　十二年五月再起，夺取库藏，释放狱囚，诛杀地方官吏，谷城、房县所驻明军多投降义军。七月于房县西之罗山败明军左良玉部，斩获甚巨。熊文灿因此弃市，左良玉降秩三级。献忠军威名大震。十月，明兵部尚书杨嗣昌督师至襄阳，部领各路兵凡10万，以"四正六隅"之策进剿起义军。十三年春，玛瑙山等役义军连败，退于兴归山区。针对杨嗣昌"围剿"战略，采取"以走致敌"之计，自十三年七月至十四年一月，北起广元，南至泸州、南溪，西起成都，东至巫山、夔门（今重庆奉节），义军足迹几遍全蜀。十四年二月，献忠率军出川入楚，攻占襄阳，杀明襄王朱翊铭，发库藏银赈济饥民。杨嗣昌畏罪自缢。张献忠起义军开始进入极盛时期，转战河南、湖北及皖中北部各州县。十六年，又在蕲黄一带号召农民参军，队伍迅速扩大，五月取武昌，执明楚王朱华奎以王府所存银钱散济贫民。改武昌为天授府，以为京都，称大西王。建制置官，开科取士，蕲、黄一带21州县悉附。八月，弃武昌西

"西王之宝"印文

张献忠铸"西王赏功"铜币

进，复南下蒲圻、嘉鱼，克长沙。又攻占常德、宝庆（今湖南邵阳）等府。分兵进攻江西。十月，连破永新、吉安、萍乡、袁州（今江西宜春）、安福、万载等城。十一月克建昌（今江西南城），继下抚州、南丰。

农民军占领长沙后，于所克州县设置官吏，传檄远近，令所属州县民众照常营业，宣布钱粮三年免征。同时严肃军纪，严禁杀掠。农民军还在常德刑杀横暴官绅等，并将杨嗣昌家霸占的土地还给农民。故湖南、江西农民群起响应。

十六年岁末，张献忠率军入四川。十七年六月克重庆，执杀明四川巡抚陈士奇。八月克成都后，分兵略地，先后下四川州县五六十。十月，以成都为西京，建立政权，国号大西，改元大顺，以次年为大顺元年，并设置内阁和六部，对前明投顺官吏加以任用。建置各院监寺科道，委派官吏。地方政权分府、州、县，分设知府、知州、知县等官。同时统一军制，共编120营，营设总兵。最高武官为将军，有孙可望、李定国、刘文秀、艾能奇等。次有都督多人。为收罗人才，还开科取士，所取进士举人分别选授中央及地方官吏。聘请意大利传教士利类思、葡萄牙传教士安文思为"天学国师"，学习西方各国政事、天文、数学等方面的知识。

张献忠在四川严厉镇压横行地方的官绅和地主，但措施过激，波及面过宽。起义军内部则严格约束士卒，不许淫掠。对违纪者有由"捆打"至"枭示"的处罚，但往往禁而不止。

还释放狱囚，散府库金银赈济贫穷。在起义军占领时期，过去曾受官绅地主压迫的奴仆或纷起暴动响应献忠，或向起义军地方官府告发故主罪状。义军尤注意团结少数民族，派人到各地招抚各少数民族，免其三年租赋。除个别部族外，四川少数民族多行归附。为保持过去内地和少数民族地区的传统茶马贸易，献忠还任命雅州（今四川雅安）知州王国臣为茶马御史，以司其事。

献忠占据四川时期，李自成领导的起义军已在清军进攻下逐渐败亡。清军占领黄河流域各省后，分兵南下。清顺治二年（1645），派人入川向献忠招降，献忠严加拒绝，并召集诸将计议征伐。三年八月，清兵逾剑阁（即剑门关）入阆中。献忠率军迎击，至西充的凤凰山，清兵猝至，因疏于防备，未及战斗，献忠已被清兵射死，起义军大败。余部由孙可望、李定国等率领，南下云贵，联合南明永明王共同抗清。

郑成功

明清之际抗清名将，民族英雄。福建泉州府南安县（今福建南安东）石井乡人。本名森，字名俨，号大木。

父郑芝龙到日本经商，娶田川氏（一作翁氏）为妻。郑成功于明天启四年（1624），生于日本平户（今长崎县松浦郡），七岁时返国。崇祯十七年（1644），在南京国子监读书。南明弘光覆亡前夕回到福建。隆武帝见其少年英俊，便赐姓朱，封忠孝伯，人称"国姓爷"。

顺治三年（1646），郑芝龙降清，坚劝不从，郑成功乃走南澳（今属广东）起兵抗清，屡次拒绝清朝及郑芝龙手书招降，声言与郑芝龙断绝关系。五年四月率军攻克同安县。七年，计杀盘踞厦门的郑联，遂以厦门为抗清基地。十一年二月，清廷遣使携"海澄公"印招抚郑成功；八月，又遣使者及其弟郑渡、郑荫前来劝降；郑成功均坚决拒绝。十四年，南明永历帝册封郑成功为延平郡王、招讨大将军。

十五年七月，率兵 10 余万，大小战船数百艘，联合原鲁王部将张煌言北伐。因风受阻。翌年五月，再率兵由舟山出发，连克瓜洲、镇江，进逼南京。张煌言和杨朝栋率领的水师前锋，还上溯芜湖。在南京城外因轻敌受清军突袭大败，骁将甘辉等死难。乃退出长江，回到厦门。十七年，清廷派达素为大将军，调集三省兵力，进攻厦门。郑成功奋起反击，守住厦门。此时，清朝在全国已逐渐形成统一局面，可集中更多兵力围剿郑成功。面对这种局势，郑成功决定收复台湾，以作为长期的抗清基地。

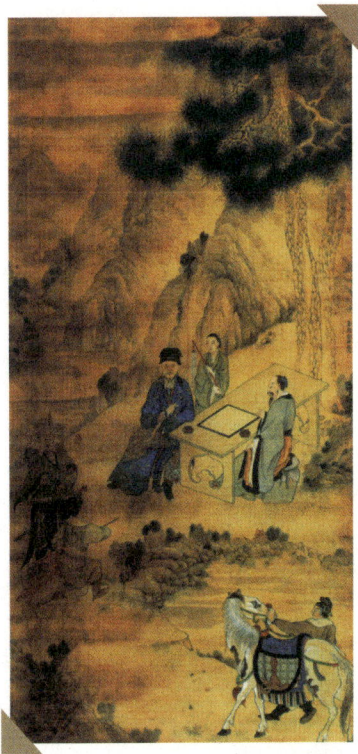

《郑成功像》

台湾于 1624 年（明天启四年）和 1626 年先后遭到荷兰殖民者与西班牙殖民者入侵。1642 年，荷兰打败西班牙，占领全岛，实行殖民统治。郑成功于顺治十八年三月，率领 2.5 万名官兵，大小战船数百艘，从福建金门料罗湾出发，经澎湖，到达台湾西南沿海。在赤嵌（今台湾台南）附近的禾寮港登陆。围攻赤嵌城，用断水办法逼迫荷军守军出降。郑

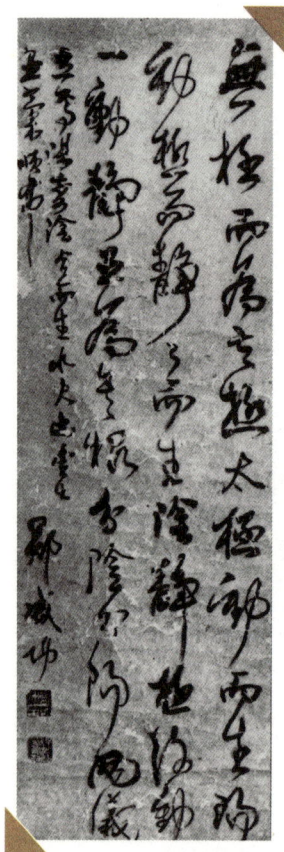

郑成功手迹

成功进而炮轰荷兰殖民者首府台湾城（今台南西安平镇）。荷兰殖民总督揆一利用城高炮烈顽抗，攻城未下。郑成功遂一面指挥军队围困台湾城，一面在已收复地区加强政治、经济建设。九月，复击退荷兰援军。十二月初，用火炮轰击台湾城东的据点乌得勒支堡，占领据点后，逼攻台湾城。十三日，揆一献城投降，荷兰殖民者终于签订有18条款的投降书，不久即率残部离开台湾。郑成功收复了被荷兰殖民者盘踞近40年的台湾岛。

郑成功按大陆体制，改赤嵌地方为东都，设立承天府和天兴县、万年县，分管南北路，改台湾城为安平镇，后又在澎湖设立安抚司。在经济上实施屯垦，鼓励"寓兵于农"。注意发展对外贸易和民间贸易，并奖励大陆东南沿海人民迁台定居，以参加农业生产，推广先进农耕技术。由于军队和移民的开垦活动，不久台湾西部出现了新建的村镇，文化教育也有了发展。郑成功顺治十九年病故于台湾。

努尔哈赤

大金（后金）的创建者，清朝奠基人。爱新觉罗氏。满族。庙号太祖。初谥武皇帝。后谥高皇帝。

他早年丧母，自立为生。后因生活所迫，离家从戎，投到明辽东总兵李成梁部下，屡立战功。他还勤奋好学，粗通汉文，颇受汉文化影响。

努尔哈赤的先祖许多人受明朝册封，担任指挥使、都督佥事、都督等官职。他的祖父觉昌安为建州左卫都指挥，父亲塔克世为建州左卫指挥。万历十一年（1583），建州左卫苏克素护部图伦城主尼堪外兰引导明军镇压阿台，觉昌安、塔克世也随军同往。在攻打古埒城时，明军在尼堪

努尔哈赤

外兰的唆使下，误杀了觉昌安和塔克世。明廷为了报偿其祖、父的冤死，命努尔哈赤回建州袭父职，任建州左卫指挥。他离开李成梁部回到建州后，正值久经分裂割据、战乱不息的女真社会出现了要求统一的历史趋势。于是他打起为祖、父报仇的旗号，以"遗甲十三副"起兵，开始了统一女真各部的事业。初势力弱小，但是经多次征战，很快成为女真诸部中最强大的力量。对内在政治上，"定国政，禁悖乱，缉盗贼，法制以立"；在经济上，加强"互市交易，以通商贾，因此满洲民殷国富"；在军事上，建立一支"出则备战，入则务农"的部队。对外则推行"远交近攻之术"：一方面拉拢蒙古，团结朝鲜，与明朝仍然保持臣属关系，以取得明廷的信任；另一方面对邻近的女真各部，采取恩威并行，顺者以德服，逆者以兵临的武力统一办法。这些措施推动和加速了女真各部统一的进程。万历十一年，努尔哈赤打败了仇敌尼堪外兰，攻占图伦城，首先控制了整个苏克素护部。然后用了三十多年的时间，东伐西讨，南征北战，统一了建州女真和海西女真的全部等，从而结束了自元明以来女真社会长期分裂和动乱不安的局面。这对女真社会的发展，促进东北地区各族之间的经济文化交流，加快满族共同体的形成起了积极作用。

随着女真各部走向统一，人口增多，地域扩大，努尔哈赤根据需要，在政治、经济、军事与文化等方面，采取许多改革措施。万历二十七年，他命额尔德尼和噶盖两人，以蒙古文字母与女真语音创制满文，称为老满文，作为本民族文字开始应用推广。四十三年，又在原有女真狩猎的"牛录"组织的基础上，建立八旗制度。把全体人民分隶各旗牛录统辖之下，成为兵民合一的社会组织形式。接着又置理政听讼大臣五人，扎尔固齐十人，与八旗旗主共同佐理政务。规定五日一朝，凡事先由扎尔固齐审理，然后经理政听讼大臣审议，再交众贝勒议定，由努尔哈赤最后裁决。从而加强了社会组织和行政管理。

万历四十四年，努尔哈赤在赫图阿拉称汗，建立"大金"（史称后金），改元天命，自此公开与明抗衡。天命三年（1618）四月，努尔哈赤以《七大恨》誓师统兵攻陷明抚顺、

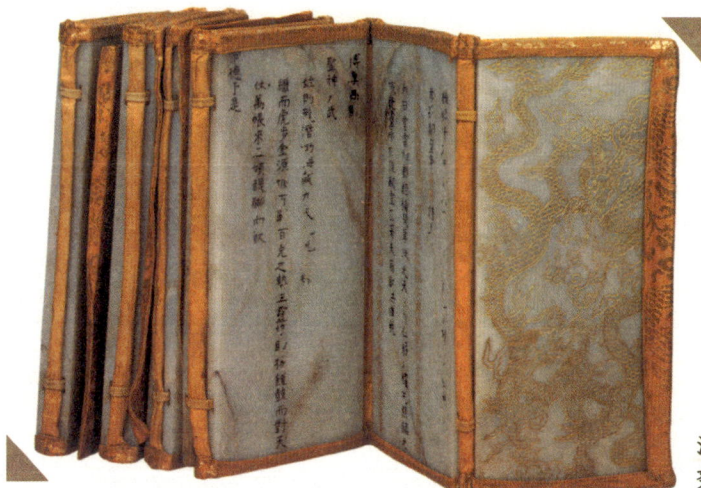

清太祖高皇帝
努尔哈赤谥册

清河等地，后金由防御转入进攻，从此改变了辽东的形势。六年二月，努尔哈赤率领大军相继攻占沈阳、辽阳等七十余城，辽河以东尽为后金所有。为了加强对新占领区的统治，迁都沈阳。努尔哈赤进入辽沈地区以后，实行"计丁授田"，使原来的汉族农民沦为农奴，引起汉民的反抗及大量逃亡。十年十月，又下令实行"编丁立庄"，把汉民编入汗、贝勒的庄中，使汉人遭到更残酷的剥削。加以大量掠夺人口，任意强占财物、屠杀汉民，加深了民族矛盾。努尔哈赤对汉民政策的失误，使得后金政权无力再向外发展。

天命十一年（1626）正月，努尔哈赤乘明辽东经略高第放弃关外、退守关内之机，统率大军进攻宁远（今辽宁兴城），被宁远守将袁崇焕击败，损失惨重。这是努尔哈赤对明战争以来第一次遭受挫败，他满怀愤恨返回沈阳。七月身患毒疽，八月病死。葬沈阳福陵。

年羹尧

清朝康熙、雍正时名将。字亮工，号双峰。汉军镶黄旗人。

父遐龄官至湖北巡抚。兄年希尧曾任工部侍郎、广东巡抚等职。妹为雍亲王侧福晋，后封贵妃。康熙三十九年（1700），年羹尧中进士，入翰林院庶常馆为庶吉士，期满授检讨。四十四年，外任四川乡试正考官；四十七年，改广东乡试正考官，授侍讲学士。四十八年二月，迁内阁学士，不久升任四川巡抚。到任仅十余日，便了解川中大概情形，提出兴利除弊的各项措施。其言行受到圣祖的赞赏，被寄予厚望，希望他"始终固守，做

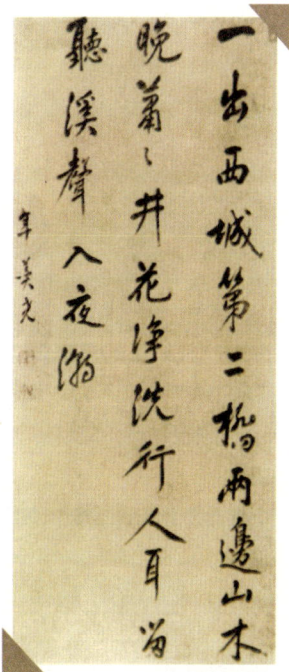

年羹尧手迹

一好官"。

年羹尧担任四川巡抚期间，先后参与平定策妄阿拉布坦、郭罗克等叛乱，更受圣祖重用。西藏战事中，年羹尧熟悉边情，与满汉将领的关系和谐，虽然运送粮饷道路艰险，但是始终保证西征大军的马驼粮饷供应充足，为战争的胜利创造了必要条件。康熙五十九年，策零敦多卜败走，年羹尧护送大军入藏。第二年，晋升川陕总督。

雍正元年（1723）授抚远大将军，青海蒙古台吉罗卜藏丹津叛乱，奉命进讨，督军至西宁，以功加太保，封公爵。次年，朝廷从年羹尧议，以岳钟琪等率兵四路进剿，大破叛军。罗卜藏丹津以残部两百余人遁入准部，青海平定。朝廷准年羹尧议，定青海善后事宜，加强中央政府对青海等地之统治。

年羹尧与雍正帝关系甚密，参与雍正帝在诸皇子争位过程中许多活动。复恃功骄纵，威权自恣，遭雍正帝猜忌。三年三月，以其在章奏中将"朝乾夕惕"写作"夕惕朝乾"，责其有意倒置。旋以其"怠玩昏聩"，调任杭州将军。又以众官交章劾奏，罢将军任，尽削其职、爵，逮至京师问罪。是年十二月（1726 年 1 月），以 92 款罪被勒令自尽，其一子处斩，诸子年十五以上皆戍边。著有《治平胜算全书》《年将军兵法》。

阿桂

清朝乾隆时大臣。字广廷，号云岩。章佳氏。满洲正蓝旗人，后以新疆战功抬入正白旗。大学士阿克敦子。

乾隆三年（1738）举人。初以父荫授大理寺丞，累迁至吏部员外郎、军机章京。十三年，从兵部尚书班第参金川军事，后擢至内阁学士。二十年，值用兵准噶尔部，命赴乌里雅苏台督台站，参与平定准、回兵事。战后，先驻阿克苏，旋移驻伊犁。上言驻兵、屯田诸策，皆允行，命经理之。又疏定约束章程，建绥

阿桂

定、安远二城。授予骑都尉世职。二十八年，召还京，授军机大臣。三十二年，授伊犁将军。三十六年，派赴金川，后授定西将军主持金川军务。四十一年，金川平，以功封一等诚谋英勇公，授吏部尚书、协办大学士，班师叙功列第一。次年，拜武英殿大学士。此后十数年，多次出办河工及江浙海塘工程、湖北荆州堤工。又统师镇压甘肃通渭石峰堡田五领导的起义等，颇得乾隆帝器重。出则付以重任，入则综理部务。与和珅同列多年，既不与之同流合污，也不能有所匡正。嘉庆二年（1797）八月卒。